Gerda Brömel
Meine schönsten Reisen (1)
Kanadische Arktis
mit dem Eisbrecher

Gerda Brömel

Meine schönsten Reisen (1)
Kanadische Arktis
mit dem
Eisbrecher

Bibliografische Information der Deutschen Nationalbibliothek:
Die Deutsche Nationalbibliothek verzeichnet diese Publikation in der Deutschen Nationalbibliografie; detaillierte bibliografische Daten sind im Internet über http://dnb.dnb.de abrufbar.

Titelfoto: Eisbrecher KAPITAN KHLEBNIKOV
　　　　　www.polar-reisen.de/expeditionsschiffe/

Copyright © Text und Fotos 2015:
Gerda Brömel, 24248 Mönkeberg
Sämtliche Rechte liegen bei der Autorin

Herstellung und Verlag:
BoD – Books on Demand GmbH, Norderstedt
ISBN 978-3-7392-2542-5

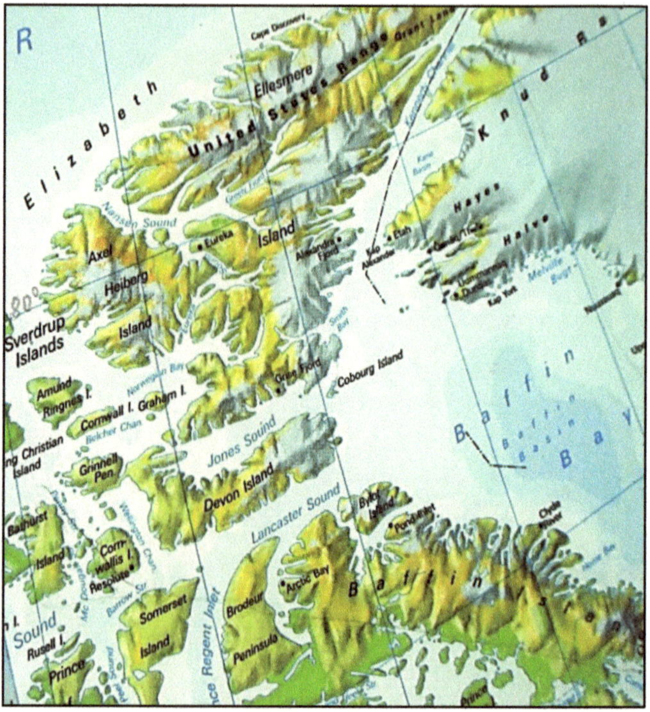

Expeditionsgebiet

Expeditionsreise 21.08. – 02.09.1994:

21.08.	Flug Hamburg – Frankfurt – Toronto
22.08.	Toronto – Resolute/Cornwallis Island (Kanada) Einschiffung auf dem russischen Eisbrecher KAPITAN KHLEBNIKOV
23.08	Arctic Bay/Borden Peninsula
24.08.	Nungavik/Bylot Island Pond Inlet/Baffin Island
25.08.	Coburg Island
26.08	Hartstene Bay/Kane Basin (Grönland) 80. Breitengrad (Überquerung)
27.08.	Skræling Island (Bache Peninsula)/Ellesmere Island RCMP-Station
28.08.	Qaanaaq (Thule) Ice Cap (Helikopter-Flug)
29.08.	Passage Hell's Gate
30.08.	45 sm östlich vom magnetischen Nordpol
31.08.	Brooman Point/Bathurst Island
01.09.	Leopold Island Beechey Island
02.09.	Ausschiffung vor Resolute/Cornwallis Island Flug nach Toronto
03.09.	Toronto (Ausflug zu den Niagara-Fällen) Flug Toronto – Frankfurt – Hamburg

Heute ist Montag, der 22. August 1994. Wir befinden uns schon auf der KAPITAN KHLEBNIKOV und sitzen in unserem Wohnzimmer, das normalerweise das Arbeitszimmer eines Offiziers ist. Ein eingebauter Schreibtisch, zwei Stühle, zwei Sessel, ein Couchtisch, Bücherregale, Schrankfächer und ein Kühlschrank gehören zur Einrichtung. Das Sofa wird abends zu einem Bett für Heinrich ausgezogen. Ich schlafe im fensterlosen Schlafzimmer, und zwar in einer Art Alkovenbett, das durch einen Vorhang abgetrennt werden kann. Von diesem Zimmer gelangt man in das winzige Bad mit Dusche, WC und Waschbecken.

Die KHLEBNIKOV ist ein »Working Icebreaker« – so der offizielle Terminus – und natürlich nicht mit einem Kreuzfahrtschiff zu vergleichen. Doch die vielen Quadratmeter sind beeindruckend, die Heinrich und ich hier für uns zu Verfügung haben. Wir wohnen auf dem siebten Deck und haben zwei Fenster, die nach vorn gehen und von wo aus wir auch einen Blick auf das unten liegende Arbeitsdeck haben.

Gestern um diese Zeit waren wir von Frankfurt kommend in Toronto gelandet und samt unseren

Koffern im Novotel in Missisauga (eine westlich von Toronto gelegene Stadt) angekommen. Hier war eine Übernachtung vorgesehen, bevor wir weiter in die kanadische Arktis fliegen würden. Im Hotel hatten wir zunächst ein unerwartetes Problem, und zwar als es darum ging, unsere Zimmertür zu öffnen. Nach einigem Herumprobieren fanden wir schließlich die simple Lösung: Anders als bei uns muss der Schlüssel zum Öffnen nach *rechts* gedreht werden!

Durch die Zeitverschiebung – sechs Stunden zurück war es nach unserer Zeit inzwischen fast zwei Uhr nachts – waren wir so müde, dass wir bald zu Bett gingen. Gerade waren wir im ersten Tiefschlaf, als jemand gegen unsere Tür hämmerte: Ein Hotelangestellter? Obwohl wir die in unserem Zimmer ausgelegten »Safety Tips« gelesen hatten, wonach man auf keinen Fall öffnen sollte, bevor man sich nicht bei der Rezeption telefonisch vergewissert hatte, ob tatsächlich ein Hotelangestellter mit einem Auftrag unterwegs sei, ging Heinrich schlaftrunken zur Tür. Ich konnte ihm nur noch zurufen: »Sicherheitskette!«. Aber es war wirklich ein echter Bediensteter des Hauses mit einem Begleiter, der sich nach der Anzahl der mit dem Bus zum Flughafen zu transportierenden Gepäckstücke erkundigte und uns ein Merkblatt der Expeditionsleitung mit Hinweisen für den Ablauf des morgigen Tages überreichte. Danach würde der Eisbrecher vor Resolute-Bay auf Reede liegen, sodass wir mit Zodiacs (= Schlauchboote) an Bord kämen. Das bedeutete natürlich, warme Kleidung im Handgepäck bereitzuhalten.

Der »Morning-call« für unsere Gruppe am 22. – also heute –, war für um fünf Uhr bestellt. Wir hatten in unseren breiten französischen Betten wunderbar geschlafen und fühlten uns trotz der frühen Stunde gut ausgeruht. Allerdings hatten wir schon wieder ein Problem: Wir konnten den Lichtschalter nicht finden, auch nach längerem Suchen nicht! Abends war es ja noch hell gewesen, als wir zu Bett gingen! So mussten wir uns im Halbdunkeln anziehen, immerhin brannten aber die Lampen im Vorflur und im Badezimmer. Um halb sechs saßen wir beim Frühstück: Ohne Käse und Wurst, dafür aber mit verschiedenen Flakes und Crispies, mit Joghurt, Sweet Rolls, Obst und Säften. Der Kaffee war mäßig, aber heiß.

Für halb sieben Uhr war die Abfahrt zum Flughafen geplant, dieser Termin konnte jedoch wegen der Verladung des vielen Gepäcks nicht eingehalten werden. Heinrich und ich hatten uns allerdings wie immer auf je einen mittelgroßen Trolley beschränkt.

Mit einer Stunde Verspätung fuhr uns dann eine zierliche Bus-Chauffeurin auf zum Teil siebenspurigen Straßen durch den dichten Montagmorgenverkehr zum Airport. Unsere Maschine der First Air war eine Boeing 727/100 und sah nach meinem Eindruck etwas klapperig aus. Sie flog aber ausgesprochen ruhig und wurde beim Zwischenstopp in Iqaluit an der Frobisher Bay (im Süden von Baffin Island) sehr sanft gelandet. Hier musste aufgetankt werden, außerdem wurde die Crew ausgewechselt; währenddessen blieben wir im Flugzeug sitzen.

Die erste Crew wirkte recht ausgelassen. Der Albernste von ihnen hatte schon beim Vorstellen der Sicherheitseinrichtungen eine bühnenreife Show als Komiker abgeliefert. Aber sonst machten sie ihre Sache gut, und der Service klappte hervorragend; es gab einen kleinen Imbiss und Getränke. Die zweite Crew schien etwas seriöser zu sein. Obwohl irgendwann während des Fluges aus der geöffneten Cockpit-Tür herzhafter Männergesang drang: »Happy birthday...«, und heraus kam das Geburtstagskind, eine heftig errötende, verlegene junge Stewardess.

Von meinem Platz aus hatte ich beobachtet, wie später nacheinander mehrere Passagiere samt ihren Kameras einzeln im Cockpit verschwanden und nach einiger Zeit zufriedenen Gesichts wieder herauskamen. Ich verfiel nun auch auf die Idee, mich dort einmal umzusehen und vielleicht sogar zu filmen. Nachdem ich angeklopft hatte, gelang es mir ohne Weiteres, ins Cockpit hineinzukommen. Sofort erhob sich der Pilot von seinem Platz und erkundigte sich, wie mein Camcorder funktionierte. Ich meinte, er wolle sich vergewissern, dass durch das Filmen die Geräte des Flugzeugs nicht gestört würden – aber nein! Er bedeutete mir, auf seinem Sitz Platz zu nehmen – rechte Hand auf dem Steuerknüppel, linke Hand am Bugrad –, und dann begann er, mich mit meinem Camcorder in dieser Position zu filmen. »She's a smooth pilot«, meinte der Copilot anschließend galant, aber natürlich war die Maschine auf Autopilot geschaltet.

Gegen vierzehn Uhr landeten wir auf Cornwallis Island in Resolute Bay, einem kleinen Flughafen ohne Start- und Landebahnen, stattdessen mit festgefahrenem Erdboden und Schlaglöchern, in denen sich Regen- oder Tauwasser gesammelt hatte. Nach dem Aussteigen warteten wir eine ganze Weile beim Flugzeug, bis uns der einzige Bus – merkwürdigerweise ein Schulbus mit gelbem Blinklicht – in zweieinhalb Fuhren zum Abfertigungsgebäude brachte. Der Terminal ist ein langgestreckter, grün gestrichener Holzschuppen. Hier warteten wir wieder ungefähr eine Stunde. Man konnte sich jedoch mit Kaffee und leckeren Plätzchen bedienen. Außerdem waren wir froh, mal wieder etwas herumgehen zu können.

Schließlich wurden wir mit dem Schulbus in die »City« von Resolute gefahren, einem Ort mit kleinen Holzhütten, ohne richtige Straßen, sondern nur mit Pisten. Alles wirkt sehr dürftig und man fragt sich unwillkürlich, wer hier wohnt und wovon die Leute leben. Es gibt einen Coop-Laden, zu dem eine hölzerne Außentreppe führt. Wir sahen uns etwas um in diesem Gemischtwarenladen – die Bezeichnung Supermarkt wäre maßlos übertrieben. Doch offenbar gibt es hier tatsächlich alles: Lebensmittel, Kleidung und sogar Gewehre samt Munition. Kunden sahen wir allerdings nicht. Auch als wir wieder draußen waren, trafen wir keine Menschenseele. Bis auf einige Inuitkinder, die angesichts von uns seltenen Besuchern Kunststücke auf einem Fahrrad vorführten und übermütig auf das Dach einer verfallenen Hütte kletterten.

Ungefähr zwei Stunden hielten wir uns an diesem so verlassen wirkenden Ort auf. »Wir sind hier am Ende der Welt«, schrieb ich auf einer im Coop-Laden gekauften Postkarte nach Hause.

Inzwischen waren auch die anderen Mitreisenden aus dem »Terminal« herausgekommen. Von der hübschen jungen Reisebegleiterin der amerikanischen Expeditionsgruppe erfuhren wir, welch Glück wir gehabt hätten, dass heute klares Wetter ist. Bis gestern sei es tagelang so neblig gewesen, dass nicht geflogen werden konnte, denn die Piloten müssen hier auf Sicht landen!

Die junge Frau verkündete dann, ganz in der Nähe befinde sich ein Hotel, in dem man sich

Terminal Resolute Airport

KAPITAN KHLEBNIKOV vor Resolute

aufwärmen und Getränke zu sich nehmen könne. Daraufhin setzte sich ein ganzer Trupp Amerikaner in Richtung Hotel und Drinks in Bewegung. Zu ihnen gehörte auch der alte Gentleman aus Kalifornien, der trotz der Kälte im dünnen schwarzen Anzug und Strohhut unterwegs war.

Wir Übriggebliebenen waren über den Abzug der Amerikaner ganz froh. Denn wieder stand nur der einzige Schulbus zur Verfügung, um uns zur Landestelle der Zodiacs zu bringen. So hatten Heinrich und ich Glück, schon zur zweiten Fuhre zu gehören. Der Bus transportierte uns in zirka fünfzehn Minuten Fahrt auf mit Schlaglöchern übersäten Pisten zum Strand. Da das Gelände zur Bucht etwas abfiel, sahen wir schon bald das Meer in der Sonne glitzern. Als wir dort ankamen, legte gerade ein Zodiac mit zehn Passagieren ab.

Ganz in der Nähe flatterte eine blaue Plastikplane unter einem Netz mit den Koffern von uns neu angekommenen Passagieren der KHLEBNIKOV. Sie waren im Netz an einem Haken hängend als Außenbordslast vom kanadischen Helikopter des Eisbrechers vom Flugplatz geholt und hier abgelegt worden. Der zweite Bordhelikopter – ein russischer – nahm das Netz am Strand auf und beförderte es weiter auf das Schiff. Ein etwas umständliches Verfahren, das sich aber daraus erklärt, dass der russische Helikopter auf kanadischem Boden nicht landen darf.

Unser Zodiac ließ nicht lange auf sich warten. Er landete so dicht am Strand, dass wir trockenen Fußes hineinkamen – unsere Gummistiefel steckten natürlich im großen Gepäck! Von einer Antarktisreise wussten wir, wie man in das Schlauchboot klettert. Man setzt sich außen auf den Wulst und schwingt die Beine nach innen hinüber; der Wulst ist dann auch der Sitzplatz. Vorm Hineinklettern mussten wir natürlich noch eine der bereitliegenden kragenförmigen Schwimmwesten umbinden. Wir erinnerten wir uns, dass es an Bug durch Spritzwasser feucht werden könnte, und so setzten wir uns hinten hin. Dabei hatten wir aber nicht bedacht, dass der starke Yamaha-Außenbordmotor beim Anlassen genau hier das Wasser aufwühlen und uns nass spritzen würde!

Nach knapp fünf Minuten Fahrt langten wir bei der KHLEBNIKOV an. Unterstützt durch zwei kräftige Matrosen, die unsere Arme packten, stiegen wir dort auf die kleine Plattform. Das Handgepäck – falls es keine Schultertasche war – musste man sich dabei irgendwie um den Hals hängen. Auf einer sehr schmalen und steilen Gangway (dreißig Stufen habe ich gezählt!) kletterten wir außenbords hinauf bis zum 4. Deck, wo wir willkommen geheißen wurden und unseren Kabinenschlüssel sowie den »Arktis-Anorak« in Empfang nahmen. Letzterer wird uns von der Expeditionsleitung zur Verfügung gestellt. In unserer Kabine standen schon die Trolleys, sodass wir gleich ans Auspacken gehen konnten.

Das Abendessen um halb acht Uhr gab es zum Teil in Selbstbedienung. In einem schmalen Gang vor dem Dining-room hatte sich schon eine Schlange formiert. Schlangestehen ist nun eigentlich nicht meine Lieblingsbeschäftigung. Wie ich dann aber bald erfuhr, ist dies nur erforderlich, wenn man Salat, eine Vorspeise oder eine Suppe essen will, das Hauptgericht wird am Tisch serviert. Zugewiesene Tische gibt es nicht, und so setzt man sich zu netten Leuten oder dorthin, wo gerade Platz ist.

Inzwischen ist es Dienstag, der 23. August geworden. Wir haben sehr gut geschlafen, sind allerdings schon um kurz nach sechs Uhr aufgestanden. Es ist herrlicher Sonnenschein. Aus unseren Fenstern sehen wir auf eine spiegelblanke, schwärzlich schimmernde See, auf der überall graubraunweiße Eisschollen schwimmen.

Eine Stunde später kräuselt sich die See etwas. Sie hat ihre Farbe verändert in grünblau, einzelne weiße Eisberge oder -brocken treiben vorbei. Auf beiden Seiten – backbord und steuerbord – erhebt sich die Küste. Es sind Felsformationen; links von beiger Farbe, rechts wirken sie fast weißlich. Dort werden sie vom Sonnenlicht angestrahlt, das schräg hinter uns ist. Die Berge haben imposante Auswaschungen, wie wir sie auch schon vom Grand Canyon kennen. Es sind Tafelberge, zum Teil in durchgehender Linie, zum Teil einzelne, nebeneinandergesetzte Berge – ein wunderschönes Bild!

Unsere bisherige Route ging von Resolute Bay in südöstlicher Richtung in den Parry Channel (Barrow Strait und Lancaster Sound), am Cap Crauford im Nordosten der Brodeur Peninsula (Baffin Island) vorbei und in den Admiralty Inlet hinein. Der Admiralty Inlet wurde erstmals Anfang des 19. Jahrhunderts befahren, und zwar von William Parry 1818/1819.

Heute Morgen nehmen wir in der Lounge einen »Early Morning Coffee« in Selbstbedienung, dazu gibt es Sweet Rolls, ein sehr leckeres Plundergebäck, dem ich leider nicht widerstehen kann. Das eigentliche Frühstück ist an diesem Tag erst ab acht Uhr. Auch hier müssen wir dann wieder – wie schon gestern Abend – Schlange stehen, um uns am Büfett zu bedienen. Doch es gibt alles, was Herz und Magen begehren, sogar warme Gerichte nach englischer Art. Alle essen mit gutem Appetit. Nur die Amerikaner begnügen sich mit Bergen von Obst in roher oder konservierter Form.

Da wir sehr früh schlafen gingen, kann ich übrigens noch nicht sagen, ob es hier um diese Jahreszeit nachts ganz dunkel wird. Um halb elf Uhr ist es jedenfalls noch hell – nicht taghell, aber auch noch nicht dämmerig.

Gestern Abend fuhren wir, was ich schon vorher erkennen konnte, zum ersten Mal auf ein Eisfeld zu. Die KAPITAN KHLEBNIKOV nimmt die mehr oder weniger großen Eisschollen elegant und durchfährt sie offenbar mühelos. Nur der Bug bricht manchmal ein wenig nach back- oder steuerbord aus. In unserer ersten Nacht an Bord haben wir im Halbschlaf neben gedämpftem Maschinenlärm hin und wieder ein Rumpeln registriert, was

Eisfeld

»Eisgrotte«

wir vermutlich richtig als Beiseiteschieben oder Passieren von Eis gedeutet haben.

Darrel Schoeling, der Expeditionsleiter, hält heute Vormittag im Lecture-room eine witzige Belehrung über die richtige Kleidung bei unseren Exkursionen und wie man am besten in die Zodiacs und Helikopter hineinkommt: »Ever from the nose, never from the tail!« Der Vortrag wird auf Englisch gehalten, anschließend auf Französisch und Deutsch übersetzt.

Wir haben aber alles verstanden und gehen daher in die Bibliothek. Heinrich will hier endlich mit seinen Reisenotizen beginnen. Ich selbst habe dafür ein kleines Diktiergerät mitgenommen, denn das Schreiben mit der Hand ist mir zu mühselig. In der Bibliothek hole ich mir Lesestoff. Im Laufe der Reise komme ich jedoch wenig zum Lesen. Spannender als jeder Roman ist das Sehen, Beobachten und Aufnehmen der vielen neuen Eindrücke! Auch die Begegnung und die Gespräche mit den anderen Passagieren lassen mich das ausgeliehene Buch vergessen.

Die größte Gruppe unserer zirka hundertköpfigen Reisegesellschaft ist englischsprachig (Amerikaner, Kanadier, Australier und ein Engländer). Die Deutschsprachigen (Deutsche, zwei Österreicher) sind mit dreißig Personen vertreten, dazu kommen einundzwanzig Franzosen, zehn Japaner und ein älteres Ehepaar aus Taiwan.

Nach dem Lunch – das Essen ist übrigens hervorragend, obwohl der junge österreichische Koch eine Vorliebe für Knoblauch hat – beobachten wir von unseren Kabinenfenstern aus, wie die beiden Kräne auf dem tief unter uns liegenden Arbeitsdeck die leeren Zodiacs auf den Haken nehmen. Danach setzt sich ein Matrose auf ein Brett, das an einem Tau vom Kranhaken herabhängt, und lässt sich samt Schlauchboot über die Reling ins Wasser hieven.

Unser Eisbrecher liegt jetzt im Admiralty Inlet vor dem Ort Arctic Bay auf Reede. Die Worte »Arctic Bay« sind auf einer Anhöhe zu erkennen. Es sind große weiß gestrichene Steine – einmal in englischer Schreibweise und einmal in den exotischen Schriftzeichen des Inuktitut, der Sprache der Inuit. Geplant ist heute ein Besuch der kleinen Ortschaft. Das Ausbooten der Passagiere geht relativ schnell. Es gibt eine Gruppeneinteilung. Wir gehören während der ganzen Reise zur Gruppe **F**. F wie Fulmar (Eissturmvogel) erklärt Darrel. Und so lernen wir gleich etwas dazu.

Die Zodiacfahrt dauert keine fünf Minuten bis zu einem schmalen Landesteg, wo uns Leute beim Aussteigen helfen. Unsere Rettungswesten, die wir immer bei den Zodiac- und später auch bei den

Hubschrauberflügen tragen müssen, packen wir am Strand zu den anderen bereits dort abgelegten. Wir schließen uns einer Gruppe an, die sich etwas über Land und Leute erklären lassen möchte, während eine andere sich aufmacht zu einer zweistündigen Wanderung den Berg hinauf. Wie mir ein Teilnehmer dieser Tour später erzählt, gelangten sie bis eben über die Bergkuppe, von der sie auf einige schimmernde Wasser- oder Eisflächen blickten. Der Ausflug soll recht anstrengend gewesen sein.

Von Glenn, dem sympathischen örtlichen Beauftragten für Tierschutz und Jagdaufsicht, hören wir jetzt einiges über die Narwal-, Seal- und Eisbärenjagd, die auch heute noch die Existenzgrundlage der Bevölkerung bildet. Es gibt bestimmte Quoten, die nicht überschritten werden dürfen. Die Einheimischen verkaufen jedoch hin und wieder einen Teil ihrer Quote auch an nichthiesige Jäger.

Als Erstes zeigt Glenn uns einen harpunierten Seehund, der mit einer klaffenden Kopfwunde am Strand liegt; es ist eine Ringelrobbe. Er weist auf die dreikantigen Krallen an den Armflossen hin. Hiermit kann sich die Robbe ein Luftloch kratzen, wenn sie unter dichtes Eis gerät. Außerdem erklärt er uns, dass diese Robben nicht über die Haut, sondern über Öffnungen im Bereich der Schwanzflosse schwitzen. Mit einem scharfen Messer schneidet er die Bauchhaut auf, um die dicke Fettschicht zu zeigen. – Ein kleines Fischerboot liegt gerade am Strand, schlaff hängen über dessen Bordwand zwei ebenfalls harpunierte Ringelrobben.

Glenn stammt nicht aus den Northwest Territories, sagt er, sondern aus dem südlicheren Kanada. Erst seit sieben Jahren lebt er hier. Aus seinem Plastikarbeitszelt, das die Form eines Iglus hat, holt er ein Eisbärfell, um es uns zu zeigen. Hieraus fertigen die Inuit auch heute noch ihre doppelseitigen Winterhosen. Inuit (Plural) heißt übrigens übersetzt: die Menschen (Singular: Inuk). Eskimo bedeutet: Rohfleischesser, was als herabsetzend empfunden wird. Glenn zeigt uns auch noch ein Sealfell, einige Gebrauchsgegenstände und zwei Schlitten, die vor seinem Zelt stehen. Sie sind aus Brettern mit Band zusammengebunden und nicht geschraubt.

»Das ist das Geheimnis der Eskimoschlitten«, erklärt er, »denn auf diese Art sind sie flexibel und brechen nicht.« Er erzählt, für die Schlitten habe man früher, als man kein Holz hatte – denn es gibt hier ja weder Baum noch Strauch –, auch Fischkörper oder -haut genommen. Das gefrorene Material wurde dann zersägt und wie Holz verarbeitet. Die Kufen unterlegte man mit Streifen vom Horn des Narwals und bearbeitete diese zur besseren Gleitfähigkeit mit einem Blut-Wasser-Gemisch.

Wie es denn hier mit dem Alkohol sei, wird Glenn von einem unserer Mitreisenden etwas taktlos gefragt, man höre doch immer wieder vom Alkoholismus der Inuit. Die Gemeindeverwaltung, antwortet er, habe für Arctic Bay ein striktes Alkoholverbot beschlossen. Nur wer nachweise, dass er nicht abhängig sei und keinen Missbrauch damit treibe, könne auf Antrag Alkohol erhalten. Wer einen solchen Antrag stelle, sei bei den Mitbürgern allerdings nicht sehr angesehen.

In zwei Wochen liegt hier schon Schnee, erfahren wir von Glenn. »Ende Februar, wenn langsam die Sonne wiederkommt«, erzählt er, »strecken die Inuit ihre Handflächen zum Licht, als könnten sie damit die Sonne berühren. Während dieser Zeit ist die Kälte übrigens am größten, es kann hier bis fünfundvierzig Grad unter Null werden!« Auch im dunklen Winter hätten alle genügend im Haus zu tun, sie seien immer irgendwie beschäftigt. »Und die Selbstmordrate ist hier nicht höher als anderswo«, fügt er noch hinzu. Letztere, wohl etwas geschönte Aussage hängt offenbar, so denke ich, mit der vorherigen indiskreten Frage nach dem Alkoholismus zusammen.

Heinrich und ich gehen dann noch allein durch den Ort. Mit unseren Augen gesehen, ist er in seiner Eintönigkeit und Bescheidenheit eine etwas weitläufigere Ausgabe von Resolute. Ein relativ großes Schulgebäude fällt uns auf – wie alles hier ein Holzbau. Der Anteil der unter Zwanzigjährigen sei innerhalb der Bevölkerung sehr hoch, ungefähr fünfzig Prozent, hatte Glenn uns erzählt. Im Gegensatz zu Resolute sind hier die sogenannten Straßen belebt. Viele Kinder laufen herum, einige Mütter grüßen uns freundlich mit »Hello« oder »Good afternoon«, ein paar Hunde liegen friedlich auf dem Boden und dösen. Wir sehen eine kleine Holzkirche und sogar ein Hotel, vor dem ein Shuttlebus wartet. Wohin er fährt, um Gäste zu transportieren, können wir allerdings nicht erkennen.

Die Temperatur ist mit sechs Grad unerwartet hoch und in unseren dicken Parkas, die wir schon aufgeknöpft haben, und den Pullovern darunter ist uns recht warm. Nachträglich sind wir froh, dass jedenfalls unsere Gummistiefel und Wasserhosen an Bord geblieben sind.

Als wir wieder zurück auf unseren Eisbrecher kommen, haben sich dort inzwischen ein paar Inuit eingefunden, um auf dem achten Deck Folklore vorzuführen: Ein Inuk in sommerlicher Tracht hält in einer Hand einen im Durchmesser zirka achtzig Zentimeter großen, mit Plastik bespannten Reifen. Das Instrument bewegt er hin- und her und klopft mit einem Fell umwickelten Schlegel rhythmisch auf die Plastikbespannung; dabei hüpft er von einem Fuß auf den anderen. Seine Frau in Sealfelljacke und -stiefeln sitzt auf dem Boden und singt. Manchmal fällt ihr Mann mit einigen kurzen, gerufenen Sequenzen ein. Es sind schlichte Melodien, die mit wenigen Tönen auskommen.

Danach wird ein einfaches, etwas übermannshohes Gestell aufgebaut, an dem an einem Bindfaden ein gerolltes Fellstück hängt. Dieses Fellstück muss im Sprung mit einem Fuß getroffen werden. Das hört sich ziemlich einfach an, ist es aber nicht. Die Akteure hierbei sind drei Inuitjungen im Alter von dreizehn bis fünfzehn Jahren. Die Schwierigkeit, das Fellstück zu treffen, wird natürlich umso größer, je weiter man den Bindfaden verkürzt. Schließlich hängt das zu treffende Ziel zwei Meter hoch! Die für unsere Begriffe kleinwüchsigen Jungen haben es da recht schwer, aber erstaunlicherweise schaffen sie es – der Kleinste allerdings erst beim dritten Versuch. Es gibt sogar eine noch kompliziertere Ausführung, bei der die Jungen im Sitzen das jetzt weiter heruntergelassene Fellstück treffen müssen. Bei dieser Übung stützen sie sich mit der linken Hand ab, mit der rechten Hand umfassen sie den Fuß des linken angewinkelten Beines und schnellen den rechten Fuß – nur auf die linke Hand gestützt – gegen das Ziel. Anschließend veranstalten sie noch eine Art Armhakeln im Sitzen.

Das alles ist interessant zu beobachten, vor allem auch die fremdartigen, dunkelhäutigen Gesichter mit den asiatisch geschnittenen Augen.

Später ist für uns die obligate Rettungsübung angesagt, die wir aus Schusseligkeit aber unvollständig absolvieren, und zwar nur den Teil mit den allgemeinen Instruktionen. Wohl glaubte ich gehört zu haben, wegen der Nähe zum Ort Arctic Bay würde ausnahmsweise kein akustisches Alarmsignal gegeben – sieben kurze und ein langer Ton –, denn man wolle die Bevölkerung nicht unnötig beunruhigen. Stattdessen solle man auf Lautsprecherdurchsagen achten. Das haben wir allerdings versäumt und hören später schlechten Gewissens nur noch die Durchsage: »Wir danken für Ihre Kooperation bei der Übung!«

Die Zeit ist ohnehin knapp, da wir uns für den Captain's Cocktail umziehen müssen. Die Veranstaltung verläuft jedoch recht formlos. Es gibt Sekt und Orangensaft, der Kapitän steht zwar da, sagt aber nichts, und als er dann endlich etwas sagt, haben wir uns bereits in die Bar nebenan verdrückt. Hier komme ich mit einem Gast ins Gespräch, der von einer Reise mit dem russischen Atom-Eisbrecher YAMAL erzählt, die er im letzten Jahr unternommen hatte. Ich frage ihn, ob er denn keine Bedenken wegen einer möglichen radioaktiven Strahlung gehabt habe. Nein, antwortet er, die Passagiere hätten sogar den Maschinenraum besichtigen dürfen. Da wären die Besatzungsmitglieder in ihren weißen Schutzanzügen herumgelaufen, und im Übrigen habe er auch nur von zwei Fällen gehört, in denen diese Leute hätten »abgeduscht« werden müssen! Hubert heißt der

YAMAL-Reisende. Mit seinem Freund und der gemeinsamen Freundin Dorte teilt er sich eine Dreibettkabine. Das erzählt er mir freimütig und auch, dass er achtundsechzig ist.

Während des Captain's Dinner sitzen wir mit unserer jungen Reisebegleiterin von Transocean Tours zusammen. Silke ist eine der kompetentesten und souveränsten Reiseleiterinnen, die wir bisher erlebt haben. Sie betätigt sich eifrig als Übersetzerin und man merkt, dass sie selbst sehr an dem interessiert ist, was wir während dieser Reise von den Lektoren und Einheimischen lernen.

Es ist Mittwoch, der 24. August. Ich sitze jetzt in unserem Wohnzimmer und warte darauf, dass unsere Stewardess Olga mich »rausschmeißt«, um aufzuräumen und Heinrichs Bett wieder in ein Sofa zu verwandeln. Expeditionsleiter Darrel hat bei seiner morgendlichen Positionsmeldung berichtet, es sei heute erstaunliche neun Grad warm! Darrel beginnt seine Durchsagen stets mit: »Good morning, Ladies and Gentlemen, good morning, one and all!« Er ist Biologe, ungefähr fünfunddreißig, lebt in New York. Ein schlanker dunkelhaariger Mann mit Brille und dunkelblauer Baseball-cap; von Letzterer trennt er sich nie.

Am frühen Morgen schien die Sonne, inzwischen hat der Himmel sich ein wenig bewölkt. Nachts sind wir den Admiralty Inlet hinaufgefahren, haben Borden Island umrundet und sind dann in den Navy Board Inlet hineingekommen. Wir ankern in einer Bucht vor Nungavik. Das ist kein heute noch bestehender Ort, sondern ein historischer Siedlungsplatz an der Westküste von Bylot Island.

Die Bucht umschließen braunrot gefärbte Berge, vermutlich bewirken Flechten diese Färbung. Die Landschaft sieht genauso kahl und öde aus, wie ich mir eine Tundra vorstelle. Vor der Küste schwimmen einige Eisschollen oder kleinere Eisberge. Auf einer Seite der Bucht sind schneebedeckte Höhen zu erkennen, und auf dem Weg hierher waren einige Gletscher zu sehen.

Wenn wir uns abends nach dem Dinner in unser geräumiges Wohnzimmer zurückgezogen haben – bis jetzt sind es ja erst zwei Abende –, hören wir vom Raum nebenan eintönigen englischen Text. Dort ist ein Office und jemand, den wir bisher noch nicht gesehen haben (nur seine ausgezogenen Schuhe!) lernt bei stets geöffneter Tür Anfangsenglisch von Kassette. Das ist zwar etwas lästig für uns, aber wir sind ja auf einem Working Icebreaker, und hier gehen für die Besatzung die Arbeit und die Freizeit ihren normalen Gang. Auf der anderen Seite unserer Kabine befindet sich das Office des Zahlmeisters. Auch hier steht die Tür meistens offen, doch hört er zum Glück keine Kassetten. Der Lecture-room mit nie geschlossenen Türen ist ebenfalls auf unserem Deck. Wenn Lectures gehalten werden, an denen ich mich nach Möglichkeit beteilige, dröhnt natürlich die Mikrofon verstärkte Stimme des Vortragenden bis in unsere Kabine. Doch wen stört das? Uns jedenfalls nicht.

Ungewohnt für uns ist das Schiffsinnere. Auf den schmalen Fluren und Treppen liegen natürlich keine Teppichböden. Auch wirkt alles etwas eng. Im Dining-room stehen zum Beispiel morgens der Joghurt und die Säfte und abends das Käsebrett sowie der spezielle Reiskocher für die Japaner unter der Treppenschrägung zur Lounge. Und falls im Dining-room kein Tisch mehr frei ist, kann man in die Lounge oder auch in den Officer's Diningroom ausweichen. In allen Gemeinschaftsräumen sind die Sitzgelegenheiten und Tische übrigens fest eingebaut. In unserem Wohnzimmer hängen vom Couchtisch und den Sitzflächen der Sessel Ketten mit Haken herunter, die man bei Bedarf in Metallösen im Fußboden stecken kann. Heinrich hat das schon bei dem ständig wackelnden Couchtisch getan.

Heute ist mit den Hubschrauberrundflügen begonnen worden, und zwar mit Gruppe **A**. Jedem Passagier steht insgesamt eine Stunde Flug zu. Da wir zur Gruppe **F** gehören, nehme ich nicht an, dass wir heute noch fliegen werden.

Ich stehe jetzt an unserem rechten Kabinenfenster – meinem Lieblingsplatz – und blicke direkt auf das Arbeitsdeck unter mir. Die Zodiacs werden wieder zu Wasser gelassen, um uns nach Nungavik zu bringen. Diesmal haben wir uns Gummistiefel und wasserdichte Hosen angezogen. Und das ist auch gut, denn nach dem Aussteigen aus dem Boot müssen wir ein paar Meter durch knöchelhohes

Tundra mit Moosen und Flechten

Pilze und Kriechweiden

Wasser waten. Danach gehen wir eine kleine Anhöhe hinauf, die sich parallel zum Strand erstreckt. Dahinter liegt eine Hochebene, an die sich eine Hügelkette anschließt. Die schneebedeckten Berge weiter landeinwärts kann man von hier aus nicht sehen.

Ein Polster aus Moosen und Flechten lässt uns bei jedem Schritt etwas einsinken. Gräser mit wolligen Samenständen wachsen hier und kleine sternförmige weiße und andere gelbe hahnenfußartige Blumen. In der Oberfläche des Bodens erkennen wir hin und wieder ein Holz-Wurzel-Geflecht. Wie wir später erfahren, sind dies Kriechweiden, die »Bäume« der Arktis. Das Moos spielt von Grün ins Dunkelrot, die unterschiedlich geformten Flechten sind schwarz, weiß, gelb und rot. Wir sind überrascht über die vielen Farben der Tundra, die von Weitem so eintönig braun aussah.

Unwahrscheinlich ruhig ist es hier! Diese absolute Stille kennt man bei uns kaum noch, wo immer irgendetwas im Hintergrund summt, brummt oder rauscht. – Inzwischen sind es elf Grad geworden, und da überhaupt kein Windhauch geht, erscheint es uns noch viel wärmer. Die Sonne steht etwas verschleiert hinter den Wolken, aber ihr Licht reicht doch aus, einen Schein aufs Wasser zu werfen. Das Meer liegt ruhig und glatt vor uns. Hin und wieder wird jetzt die ungewöhnliche Stille durch den Motorenlärm unseres kanadischen

Bordhubschraubers unterbrochen. Er nimmt am Strand jeweils fünf Passagiere auf, um sie für kurze Zeit auf einer Ice Cap (Gletscher; wörtlich: Eisdecke) abzusetzen. Wir gehören aber noch nicht dazu.

Ganz unerwartet in dieser Einsamkeit sehe ich ein fremdes Boot auf unseren Landeplatz zusteuern: ein offenes grünes Holzboot mit Außenbordmotor. Durchs Fernglas erkenne ich darin ungefähr zehn Menschen. Am Ufer steigen sie aus, und ein Mann mit seinen Kindern schlendert den Hügel hinauf auf uns zu. Eines der Mädchen fragt mich auf Englisch nach meinem Namen. Ich erkundige mich nach den Namen der Kinder und so kommen wir in ein kurzes Gespräch. Es sind freundliche Leute. Der Mann erklärt, sie kämen von einem Platz an der benachbarten Bucht – vermutlich ist dort ihr Sommerlager für die Jagd. Auf meine entsprechende Frage antwortet er, er jage den Narwal. Ja, bestätigt er weiter, es sei jetzt eine gute Zeit dafür. Nachdem er sich noch nach unserem Woher und Wohin und unserem Schiff erkundigt hat, trennen wir uns.

Wir stoßen zu einer unserer Gruppen, die sich um ein verfallenes Erdhaus aus dem frühen siebzehnten Jahrhundert schart. Auch heute ist noch dessen kreisförmige, in die Erde eingelassene Struktur zu erkennen. Erdsoden, Steine und Walknochen – alles diente als Baumaterial – haben im arktischen Klima überdauert. Ebenfalls noch auszumachen ist der Ein- und Ausgang. Dies ist ein als Kälteschleuse tiefer gelegter Kriechtunnel, der auch hungrige Eisbären am Eindringen hindern sollte.

Auf der ersten Anhöhe oberhalb des Strandes finden wir weitere verfallene Erdhütten aus der Thulezeit. Die Thule kamen rund tausend Jahre nach dem Niedergang des Dorset (ca. 900 v. Chr.) in diese Gegend. Sie sollen die Vorfahren der Nordwestgrönländer gewesen sein. Die Daten gelten aber noch nicht als endgültig gesichert, wie uns unserer Archäologie-Lektor Peter Schlederman erklärt.

Von der Anhöhe gehen wir wieder hinunter an den Strand. Direkt am Wasser ist Sand, dann kommt ein Streifen mit kleinen, flachen zersplitterten Steinen, es könnte Schiefer sein. In einiger Entfernung entdecken wir zwei verrostete Blechtonnen. Als wir näherkommen, lesen wir auf einer Tonne den darauf gepinselten Namen »Steitner« und darunter »Airport«. Dadurch erklären sich für uns auch die rätselhaften Reifenspuren, die wir auf dem Schotter erkannt haben. Auf der Anhöhe im Bereich dieser Tonnen steht ein mannshoher, aufgeschichteter Steinhaufen – vermutlich ein Orientierungspunkt für landende Flugzeuge. Um welche Flugzeuge es sich hier handelt, wissen wir nicht. Vielleicht von kanadischen Freizeitjägern aus dem

Süden? Wahrscheinlich gehört auch die Bretterhütte an unserem Zodiac-Landeplatz, die wir schon vom Schiff aus gesehen haben, zu diesem Airport.

Ungefähr eine Stunde halten wir uns an Land auf, gegen elf Uhr setzen wir wieder zu unserem Eisbrecher über. Unser Zodiac-Steuermann hat sogar einige Pilze gefunden, die er mit Genuss verzehrt. Wir selbst halten uns natürlich strikt an das Gebot, nichts mitzunehmen. Nicht den kleinsten Stein oder Knochen, keine Feder und nicht das winzigste Kräutlein! Dieses strikte Gebot beinhaltet auch, nichts – aber auch gar nichts! – zu hinterlassen, denn hier verrottet alles sehr, sehr langsam.

Unser Schiff fährt jetzt in südsüdöstlicher Richtung weiter in den Navy Board Inlet hinein, kommt südlich von Bylot Island in den Eclipse Sound und nimmt östlichen Kurs auf den Pond Inlet. Unser Ziel ist der gleichnamige Ort im Nordosten von Baffin Island.

Hier gehen wir nachmittags an Land, und zwar wieder mit Zodiacs. Es ist immer noch windstill und mit 11 °C sehr warm. Mit einer deutschen Gruppe unserer Reisegesellschaft wandern wir am Strand entlang, die Meerenge liegt jetzt auf unserer linken Seite. Wir kommen an kleinen Booten vorbei und an einer Anzahl Container, die hier und dort herumstehen. Danach gelangen wir auf eine Anhöhe oberhalb einer Schlucht. Von unten dringt das Heulen und Bellen der vielen dort angeketteten Huskys herauf.

Auf der anderen Seite der Schlucht ist als typische Inuit-Behausung ein Grassodenhaus erhalten geblieben. Wir betreten es durch eine niedrige Tür und kommen in einen Raum zu ebener Erde. Ringsherum wird er von einer Art Podest umschlossen; darauf schliefen und aßen früher die Bewohner. Zwei ältere Frauen unterhalten in flachen, eisernen Pfannen ein kleines Feuer; der Brennstoff ist Tran. Ein Junge von ungefähr drei Jahren mit Triefnase betrachtet uns neugierig. Er freut sich über einige Bonbons, die ich in meiner Parkatasche finde. An der Wand über dem Podest hängen Küchengeräte und Gebrauchsgegenstände. Die Wände, die in die Decke des igluförmigen Hauses übergehen, sind innen mit alten Zeitungen ausgekleidet. Sie sehen feucht und verschimmelt aus und dürften das Raumklima ziemlich ungesund machen. Dies soll sich allerdings während der strengen Kälte im Winter bessern.

Nachdem wir uns verabschiedet haben, gehen wir die Anhöhe weiter aufwärts. Die Stadt mit ungefähr tausend Einwohnern liegt dem Meer zugewandt auf dem Abhang eines Hügels. Die Straßen sind auch hier nur Pisten, an deren Rändern jedoch durchgehend Strommasten stehen. Es heißt, die Leute hätten sogar Fernsehen, eine Satellitenempfangsanlage entdecken wir allerdings nicht.

Einen kleinen Flugplatz soll es auch geben, und wie zum Beweis ragt über den Rand eines Hügels der Rotor eines dort geparkten Helikopters. Wir kommen an einer Fortbildungsschule für Erwachsene vorbei und an einem Krankenhaus. Es ist aber nur eine sogenannte Nursery: Einmal wöchentlich fliegt ein Arzt von außerhalb hierher, der dann konsultiert werden kann. Eine ähnliche Einrichtung haben wir übrigens auch in Arctic Bay gesehen.

Im Winter könne es bis zu fünfzig Grad kalt werden, berichtet Susan, unsere einheimische Führerin. Dann spiele sich das Leben nur innerhalb der Häuser ab. – Uns begegnet eine kuriose Gestalt: Eine junge Frau mit einer Art Buckel. Der Buckel ist allerdings ihr Baby, das sich in ihrem zu diesem Zweck besonders geschnittenen Anorak befindet und so von der Mutter getragen wird. Auf die gleiche Art kann man sich auch den Transport von bis zu vier oder fünf Jahre alten Kindern vorstellen, die auf diese Art vor der bitteren Kälte geschützt sind.

Susan berichtet, dass auch hier die Jagd und der Fischfang die überwiegende und unmittelbare Existenzgrundlage für die Bevölkerung bilden. Das sollten unsere Umweltschützer vielleicht einmal bedenken, bevor sie so vehement den Walfang und die Robbenjagd verteufeln! Schließlich leben viele Menschen von diesem angestammten, seit vielen Generationen ausgeübten Recht. Und das ist immerhin besser und würdevoller, als vom Staat Sozialhilfe zu beziehen!

Unser Ziel ist ein Hotel, das sogar Touristen, vermutlich Jäger beherbergen soll. Wir würden dort Original-Inuit-Kunsthandwerk besichtigen und evtl. erwerben können. Tatsächlich sind sehr schöne Schnitzereien aus Speckstein und Knochen zu sehen. Alle sind vom jeweiligen Künstler signiert, meistens sind es Frauennamen. Als Motive dienen Robben, Wale, Walrosse, Polarbären, Seevögel und Frauen mit ihrem Kind auf dem Rücken. Die Preise bewegen sich von 48 bis 300 kanadische Dollar.

Doch wir erwerben in einer Art Kiosk innerhalb des Hotels nur drei Postkarten. Das bereitet einige Schwierigkeiten, da die aufgeregte Kassiererin ständig zwischen Kiosk und dem Hotelmanager in dessen gläsernem Office hin- und herpendelt, um sich die Preisauszeichnungen in die US-Dollar der Touristen umrechnen zu lassen. Heinrich hat wie immer auf unseren Reisen Landeswährung bei sich, muss sich aber trotzdem in die Schlange der Käufer einreihen. Ich finde in meinem Markenheftchen aus Resolute gerade noch drei kanadische Briefmarken. Die Karten von diesem 24. August erreichen am 10. September ihre Empfänger in Deutschland. Also hat der Hotelmanager, dem ich die Post anvertraute, tatsächlich für deren Absendung gesorgt.

In diesem Hotel, das natürlich wieder nur ein einstöckiges Holzhaus ist, gibt es einen Gastraum mit Linoleumfußboden, auf dem einfache Tische und Stühle stehen. Man kann sich hier mit Kaffee und Gebäck bedienen, was außer den wenigen Hausgästen auch einige unserer Leute tun.

Um halb vier Uhr waren wir in Pond Inlet aus dem Zodiac geklettert, nach knapp drei Stunden wandern wir den Hügel abwärts zurück zu der Stelle, an der die Boote abfahren und an der unsere abgelegten Schwimmwesten liegen. Diesmal gehen wir nicht am Strand entlang, sondern durch »die Stadt«. Voll neuer Eindrücke fahren wir auf die KHLEBNIKOV zurück. »Nach Hause«, wie wir unwillkürlich sagen.

Auch am heutigen Donnerstag, 25. August, hält das strahlend schöne Wetter an. Darrel vermeldet bei seinem morgendlichen Gruß durch den Lautsprecher zehn Grad Wärme, was uns nach wie vor ganz unwahrscheinlich vorkommt. Die See ist spiegelglatt. Kleinere und größere Eisschollen schwimmen herum, die unser Schiff jedoch nicht im Geringsten behindern.

Inzwischen sind wir aus dem Pond Inlet herausund an der Ostküste von Bylot Island vorbeigekommen und haben in nördlicher Richtung fahrend den Lancaster Sound passiert. Immer noch in nördlicher Richtung bewegen wir uns auf Devon Island zu, die dann westlich von uns liegen wird. Unser Ziel ist Coburg Island, eine kleinere Insel nordöstlich von Devon Island.

Gerade eben hat das Schiff ziemlich gerumpelt. Vermutlich war eine Eisscholle doch einmal etwas dicker, aber schließlich sind wir ja auch auf einem Eisbrecher! Die Eisfelder, die wir passieren, werden allmählich dichter. Das Eis ist jetzt nicht mehr grau wie vorhin, sondern weiß. Unterhalb der klaren Wasseroberfläche sind die grünschimmernden Sockel der Eisberge und dickeren Eisschollen zu sehen. Das eben beschriebene Rumpeln ist jetzt die Regel. Das Schiff krängt dann nach der einen oder

Zodiac wird per Schiffskran zu Wasser gelassen

Tafeleisberg mit Sockel

anderen Seite, und es scheint vorübergehend etwas vom Kurs abzukommen. Aber sowie es eine stabilere Eisscholle gebrochen hat, deren kleinere Teile sich nach beiden Seiten davonbewegen, nimmt es den ursprünglichen Kurs wieder auf. Bei dickerem Eis hat man den Eindruck, als führe das Schiff bergauf.

Es ist sehr neblig geworden. Noch ist der blaue Himmel zu ahnen, aber über dem Meer liegt ein dichter Dunstschleier und die Sicht beträgt kaum mehr als hundert Meter. Ein Phänomen muss ich noch beschreiben: Eine Art grauer Regenbogen in unterschiedlich weißgrauer Schattierung. Er spannt sich über den Schiffsbug und begleitet uns in gleich bleibendem Abstand. Dadurch entsteht der Eindruck, als führen wir ständig auf ein Tor zu. Das Phänomen kann vermutlich mit der Abwärme des Schiffskörpers erklärt werden.

Wir haben Mittag gegessen und eine kurze Siesta gehalten, als über Lautsprecher verkündet wird, inzwischen hätten wir Cambridge Point auf Coburg Island erreicht. Das Schiff hat bereits Anker geworfen, und als wir aus dem Fenster sehen, spannt sich über uns der blaue Himmel. Nur noch einzelne Nebelbänke schweben vor den Bergen und dicht über dem Meer.

Die ersten Zodiacs werden zu Wasser gelassen. Von meinem Stammplatz am rechten Kabinenfenster beobachte ich, wie eines dabei in eine bedrohliche Situation gerät. Eine dicke Eisscholle von ungefähr fünfzig Quadratmetern schwimmt ziemlich schnell auf den Zodiac zu. Der Matrose ist noch dabei, die Öse der Bootsaufhängevorrichtung vom Kranhaken zu lösen und bemerkt daher die Gefahr erst im letzten Moment. Etwas nervös zieht er an dem Startseil, und es gelingt ihm gerade rechtzeitig, sich mit dem Boot vor dem Eis in Sicherheit zu bringen.

Es werden Rundfahrten um das Schiff herum angeboten. Wir ziehen uns warm an. Die Außentemperatur beträgt nur noch drei Grad, und auf dem offenen Boot beginnt man schnell zu frieren. Meinen Camcorder nehme ich diesmal nicht mit, da ich befürchte, er könne nass werden. Aber ich stecke meinen Fotoapparat in eine Tasche des Parkas. Dass ich nicht filmen kann, bereue ich später, denn die See ist ausgesprochen ruhig.

Unser Matrose umfährt geschickt die vielen dicken Eisschollen. Auf einer größeren entdecken wir eine Kolonie der in den Felsen des Cambridge Point nistenden Trottellummen. Unser Fahrer schaltet den Motor ab, und ganz vorsichtig gleiten wir an die Tiere heran. Das wirklich Aufregende kommt allerdings noch: Als wir uns den Felsen der Insel nähern, wird der Himmel über uns buchstäblich dunkel von aufgeregt flatternden Tieren! Es herrscht ein ohrenbetäubendes Geschnatter und

Trottellummen vor Coburg Island

Polarfüchse im Sommerfell

Gepiepse, und als wir die Felswände genauer betrachten, entdecken wir in den Nischen des scharfkantigen Gesteins unzählige Trottellummen – es sind sicher Tausende! Außer den Lummen nisten hier auch einige Dreizehenmöwen. Zwischen den Felsen erkennen wir mehrere Bahnen von Steinschlägen und einen Erdrutsch. Darauf bewegt sich etwas Braunes: Füchse! Im Ganzen sehen wir fünf Polarfüchse, jetzt im Sommer noch in braunem Fell mit hellbraun abgesetzten Gesichtern. Wir lassen uns mit dem Boot ganz dicht an das Ufer herantreiben und beobachten aus nächster Nähe, wie zwei Füchse miteinander spielen und uns dann neugierig betrachten. Als einige Blitzlichter aufzucken, schrecken sie auf und laufen davon.

Die Bootsfahrt dauert ungefähr eine Dreiviertelstunde. Als wir eben wieder an Bord sind und uns in unserer Kabine der warmen Kleidung entledigt haben, kommt über Lautsprecher die Durchsage, die Gruppe **F** solle sich für einen Hubschrauberrundflug auf Deck vier einfinden. Also müssen wir wieder die Thermosocken und dicken Kniestrümpfe anziehen, die Wollsocken, die wollenen Leggings, die Trainingshose, die wasserdichte Hose, Gummistiefel, den dicken Pullover und die Weste, den Schal umbinden, den Parka überziehen mit seinem Innenbund, dem nur mit gutem Zureden funktionierenden Reißverschluss und den drei Bindebändern, die Mütze aufsetzen, Kapuze drüberziehen, die Schwimmweste umbinden, die Tasche mit dem Camcorder umhängen, Ersatzkassette und -akku griffbereit in die rechte Parkatasche stecken und schließlich die Thermohandschuhe und die Fellhandschuhe anziehen. Diese Prozedur nimmt zirka fünfzehn Minuten in Anspruch. Dies aber auch nur, wenn man vorher alles zurechtgelegt hat!

Und so kommen wir reichlich abgehetzt auf dem Hubschrauberdeck an. Dort erfahren wir, dass wir erst in zwanzig Minuten mit einem Flug dran sind, denn es passen immer nur vier bis fünf Passagiere in die Maschine. Also gehen wir vorerst wieder die drei Treppen und zweiundvierzig Stufen hinauf zu unserer Kabine. Hier hören wir die Durchsage, die letzte Gruppe der Rundflieger, die sich noch auf einem Gletscher befindet, werde jetzt zurückgeholt. Der Pilot habe eine sich sehr schnell ausbreitende Nebelbank ausgemacht. Aus Sicherheitsgründen müssten weitere Flüge abgesagt werden.

Gerade eben vernehme ich mehrmaliges, energisches Klopfen, das ich als irgendwelche Handwerkergeräusche auf dem Flur deute. Als es nicht aufhört, öffne ich unsere Tür. Davor stehen der Expeditionsleiter und seine Assistentin: »Sie sind also da? Und Ihr Mann auch? Sie haben Ihre Bordmarken nicht umgedreht!« Diese an einem

Brett auf dem vierten Deck hängenden Marken sind die Kontrolle für die An- oder Abwesenheit an Bord. Da ist uns ein schlimmes Versehen unterlaufen, das für uns erfahrene Kreuzfahrer eigentlich unentschuldbar ist. Aber man kann daran auch sehen, in welchen Stress sogar nur passiv mitfahrende Gäste geraten können, wenn die unterwegs gewonnenen Eindrücke so überwältigend sind!

Bei Interesse an einer Führung durch den Maschinenraum konnte man sich in eine Liste eintragen und heute sind wir dran mit der Besichtigung. Sie fällt recht umfassend aus. Rutschfeste, flache Schuhe werden empfohlen. Captain Patrick Toomey, der mitfahrende kanadische Eisberater für die russische KHLEBNIKOV, übernimmt die Führung. Die Zusammenarbeit mit den Russen sei übrigens gut, berichtet er uns, vor allem, weil man sich gegenseitig nicht in die Arbeit hineinrede. Nach einer kurzen Ermahnung, nichts anzufassen oder sich irgendwo festzuhalten, betreten wir den Kontrollraum, der sich fast über die ganze Breite des dritten Decks erstreckt. Drei Männer sitzen mit Blick auf die zirka zwanzig Meter breite und zwei Meter hohe Wand mit den Schalttafeln, Kontrollknöpfen und -lampen, von denen die meisten grün leuchten.

Der Eisbrecher (18.000 tons Wasserverdrängung) besitzt sechs Diesel-Elektrogeneratoren mit insgesamt 22.000 PS. Von diesen arbeiten normalerweise aber immer nur zwei gleichzeitig, die anderen laufen leer mit. Eine Schemazeichnung auf der Schalttafel zeigt, dass sie bei Bedarf jeweils die Arbeit der anderen übernehmen können. Alle sechs Generatoren zusammen werden nur in Ausnahmesituationen bei dickstem Eis eingesetzt. Während wir uns im Kontrollraum aufhalten, ertönt in Abständen dreimal ein Signal – es ist eine heiter klingende Melodie. Captain Toomey erklärt uns, das bedeute, irgendwo sei Alarm. Nach seinem gleichmütigen Gesichtsausdruck zu urteilen, scheint das jedoch kein Grund zur Sorge zu sein.

Wir stülpen uns jeder einen Bügel mit den Gehörschutzmuscheln über den Kopf und klettern leiterauf und leiterab in die verschiedenen Räume der Maschine. Gleich im ersten unteren Maschinenraum steht in einer Ecke aufrecht eine riesige, in Holzlatten eingeschlagene Säule. Es ist eine Ersatzantriebswelle, die von der finnischen Werft 1981 beim Bau gleich mitgeliefert wurde.

Die KAPITAN KHLEBNIKOV ist ein ganz normaler Eisbrecher ohne irgendwelche Extras, erklärt uns Master Toomey. Übrigens funktioniert das Eisbrechen nach einem ganz einfachen Prinzip: Das Schiff fährt mit seinem Bug auf das Eis hinauf (wir haben ja bereits den Eindruck gewonnen, als ob wir zeitweise bergauf führen) und zerbricht durch sein Gewicht das Eis. Um dieses Gewicht zu verstärken, kann Wasser von Tanks, von denen sich jeweils einer vorn und achtern und back- und steuerbord befindet, umgepumpt werden.

Es gibt auch eine Wasseraufbereitungsanlage. Sämtliches Brauchwasser für unsere Expedition wurde vor deren Beginn gebunkert, da unterwegs keine Möglichkeit zur Wasseraufnahme besteht, ebenso natürlich auch nicht für die Aufnahme von Treibstoff. An Bord der KHLEBNIKOV werden täglich ungefähr hunderttausend Liter Wasser verbraucht. Um mit dem Vorrat auszukommen und ihn entsprechend aufzufüllen, müssen pro Tag dreißigtausend Liter aufbereitet werden. Die bordeigene Kläranlage für das Abwasser und das empfindliche Vakuumtoilettensystem entsprechen in Bezug auf die Umweltverträglichkeit den neuesten Erkenntnissen und den behördlichen Auflagen, wird uns versichert. Das Gleiche gelte für die Müllverbrennungsanlage.

Der Eisbrecher verfügt über eine gut ausgerüstete Reparaturwerkstatt. Wir sehen dort gerade jemanden mit Schweißarbeiten beschäftigt. Mehrere riesige Ersatzschrauben lagern hier. Die Schrauben können notfalls unter Wasser ausgewechselt werden. Das komme gar nicht einmal so selten vor, berichtet Captain Toomey. Alles macht einen recht ordentlichen Eindruck. Allerdings staune ich doch, als ich einige Kabel unprofessionell mit Bindfäden zusammengefummelt sehe. Man kann aber darauf vertrauen, dass die mehr als sechzig Männer der Besatzung ihre Arbeit gut machen. Diejenigen, mit denen wir täglich zu tun haben, sind die Zodiac-Steuerleute. Sie sind sehr versiert, umsichtig, hilfsbereit und sicher ausgesucht fähige Leute, die vermutlich über ein Steuermannspatent verfügen.

Es ist unterdessen sechs Uhr abends geworden, wir fahren jetzt durch ein mit riesigen Eisschollen bestücktes Gebiet, und das Schiff rumpelt ab und zu. Der Nebel hat sich etwas gehoben, aber der Himmel ist grau und die Sonne, die noch vor einer Stunde ihren milchigen Schein durch die Wolken schickte, ist jetzt ganz verschwunden.

Freitag, 26. August. Die Nacht haben wir wieder sehr gut geschlafen, obwohl wir durch das erste Packeis gefahren sind und das Schiff nicht nur vibriert, sondern ziemlich gerumpelt und gewackelt hat. Doch der Krach beim Zusammentreffen mit dem Eis ist bei uns oben auf dem siebten Deck geringer als erwartet. Wie bisher an jedem Abend an Bord gingen wir relativ früh schlafen, und so konnten wir leider wieder nicht feststellen, ob hier auf Höhe des 75./76. Breitengrades Ende August noch die Mitternachtssonne scheint. Um viertel nach elf Uhr abends war es gestern jedenfalls noch nicht einmal dämmerig.

Heute Morgen, als wir gegen halb acht aufstehen, ist es neblig. Einzelne größere und kleinere Eisschollen schwimmen auf dem glatten Wasser, hellblaue Seen leuchten auf der Oberfläche großer, weißer Eisschollen. Es scheint kälter geworden zu sein. Allmählich beginnt sich die Wasseroberfläche krepppartig zu kräuseln und man sieht, wie sich neues, noch durchscheinendes Eis bildet. Es sind zwei Grad über Null, die Zodiacs auf dem Arbeitsdeck sind bereit und die Kabinenfenster der beiden Kräne von innen vereist.

Inzwischen ist es zehn Uhr geworden. Wir haben gehört, durch Treibeisfelder seien wir über

Nacht daran gehindert worden, die vorgesehene Strecke zurückzulegen. Daher müssen die für heute Vormittag angesagten Zodiac-Ausflüge vor Cap Alexander (Grönland) auf nachmittags verschoben werden. Ebenfalls auf später verlegt werden die Hubschrauberflüge. Wir hoffen, dass wir heute endlich dabei sind! Ab und zu scheint für kurze Zeit bei blauem Himmel die Sonne. Im Osten und Nordosten kann ich eine felsige, schneebedeckte Küste erkennen, die aber bald schon wieder hinter einem Nebelschleier verschwindet.

Eben habe ich einen Vortrag auf englisch von Peter Schlederman über die verschiedenen Polarexpeditionen gehört, die ursprünglich gar nicht das Ziel hatten, den Nordpol zu erreichen, sondern eigentlich neue Wasserstraßen für Handelsverbindungen erkunden wollten. Sehr interessant war der Bericht über die Expeditionen von Peary und Cook und deren »Wettlauf« zum Nordpol. Dabei erinnerte ich mich, dass mein Vater erzählt hatte, als Junge Zeitungsberichte darüber verfolgt zu haben.

Peary, der vom US-Establishment großzügig finanziert wurde, trug schließlich den Sieg davon, nachdem jeder der beiden behauptet hatte, vor dem andern zum Nordpol vorgedrungen zu sein. Der norwegische Polarforscher Amundsen und die dänische Öffentlichkeit hielten dagegen Cook für den ersten Menschen, der den Nordpol erreicht hatte, obwohl es von ihm hieß, er nehme es mit der Wahrheit nicht so genau. Man hatte ihm nämlich nachgewiesen, sich einer Gipfelbesteigung auf den McKinley gerühmt zu haben, die er gar nicht durchgeführt haben konnte, weil er sich zu der Zeit ganz woanders aufgehalten hatte. Und so glaubten weite Kreise ihm auch seine Behauptung nicht, als Erster am Nordpol gewesen zu sein.

Übrigens gab es auf einer der Peary-Expeditionen (1905 – 1906 oder 1908 – 1909) mehrere ungeklärte Todesfälle unter den Teilnehmern. Es wird vermutet, Peary sei in mindestens einem Fall aktiv daran beteiligt gewesen.

Peter Schlederman berichtete, Peary hätte – wie andere auch – sich eine »Gefährtin« unter den Eskimofrauen gesucht, in der kanadischen Arktis gebe es eine ganze Reihe seiner Nachkommen. Seine Frau erfuhr davon und – wie Peter es formulierte – »sie werden nach seiner Rückkehr wohl eine längere Diskussion gehabt haben«. Diese arktische Peary-Linie wurde übrigens inzwischen von der amerikanischen Linie anerkannt. Hierüber lese ich später den Bericht eines Enkels, der den Namen Peary als Mittelnamen führt. Er diente als Offizier in der kanadischen Navy.

Heute Vormittag sind wir oben auf dem neunten Deck und hier auch auf der Brücke, die jederzeit für die Passagiere zugänglich ist. Die Diensthabenden – meistens nicht mehr als drei Leute – lassen sich in ihrer Arbeit nicht stören. Bereitwillig beantworten sie Fragen von uns Laien und dulden, dass wir in ihre Karten und die ausgelegten Papiere sehen. Auch Eisberater Captain Toomey hält sich gerade hier auf. Das Schiff wird mit einem recht kleinen Ruder (Steuerrad) im Zickzackkurs durch das Eis manövriert. Jede eisfreie Stelle und jedes dünne Eis wird ausgenutzt. Das ist vernünftig, denn dadurch kann Treibstoff gespart werden.

Es ist zwölf Uhr geworden, eben haben wir das Cap Alexander umrundet: 345 m hoch und der westlichste Punkt Grönlands. Das Kap ist ein graubrauner Felsen mit tiefen Erosionsspuren im oberen Drittel – vertikale und horizontale Einschnitte. Neben und hinter dem Kap erstreckt sich der riesige Dodge-Gletscher.

Das Wetter wechselt sehr schnell: Im Laufe des Vormittags von dichtem Nebel über einzelne Nebelbänke mit blauem Himmel darüber, und im Moment haben wir sogar klare Sicht. Einige kleine Schäfchenwölkchen zeigen sich und weiße Wolkenfetzen. Backbord ist jetzt auch die Ostküste von Ellesmere Island zu sehen, allerdings in weiterer Entfernung als die westgrönländische Küste. Bei absoluter Windstille ist es spürbar wärmer geworden. Wir haben sogar eine Weile an Deck auf der Bank gesessen und uns von der Sonne bescheinen lassen.

Nachmittags erleben wir einen der Höhepunkte unserer Reise. Unsere Gruppe **F** wird nach dem Lunch und nachdem das Schiff in der Hartstene Bay (östliches Kane Basin) geankert hat, als Erste an Land gehen. Deshalb warten wir mit Ungeduld das Ende der Mahlzeit ab – die wie immer ausgezeichnet ist –, um rechtzeitig mit dem umständlichen Anziehen unserer warmen Kleidung fertig zu sein. Gerade haben wir die Schwimmwesten zugehakt und unsere Taschen umgehängt, als auch schon die Durchsage für die Ausbootung kommt.

Es wird eine schöne, ruhige Überfahrt. »Zum Sandstrand«, weist Norman Lasca den Steuermann an. Norman ist Glaciologe und unser Geologie-Lektor. Wir können allerdings noch nichts von einem solchen Strand sehen. Das vor uns fahrende Boot hat offensichtlich Schwierigkeiten beim Anlanden. Durch das flache klare Wasser erkennen wir auf dem Grund Felsen, die recht tückisch aussehen. Und schon schrammt unser Außenbordmotor dagegen! Wir müssen ein paarmal vor- und zurücksetzen, eine größere Eisscholle umfahren und danach von der anderen Seite den Strand erreichen.

Die Landestelle ist dann aber recht komfortabel: flache glatte, ins Wasser geneigte Steine, die man bequem und sogar trockenen Fußes erklimmen kann. Am Sandstrand bemerke ich als Erstes mit jetzt schon geschärftem Blick die Reste einer menschlichen Behausung, und zwar ringförmig angeordnete Steine. Norman bestätigt meine Vermutung: Häuser aus der Thule-Zeit. Er weist mich noch auf einen länglichen Steinhaufen hin: »A grave«, sagt er, aus der gleichen Zeit.

Wir wandern hügelaufwärts über Geröll und Felsen, die teilweise mit dem uns schon bekannten Tundramoos bedeckt sind. Jeder Schritt verletzt die sehr langsam wachsenden Pflanzen, die Jahre brauchen, um sich wieder zu erholen. Doch gegen mein aufkommendes schlechtes Gewissen setzen sich die Freude und Dankbarkeit darüber durch, dass ich dies alles erleben darf. Der Aufstieg erweist sich als ziemlich steil, trotzdem ist er sogar für mich in meinen etwas zu großen Gummistiefeln problemlos. Das mag am Sonnenschein liegen, an der trockenen Luft und an unserer leicht gehobenen Stimmung. Rot, grün und gelb schimmern die mit Moos und Flechten bedeckten Berge. Sie wirken recht nah, doch die Entfernung täuscht bei der staubfreien Luft.

Einer von uns sieht als Erster einen weißen Fleck: ein Schneehase! Er hockt in einer Felsnische und hat uns wahrscheinlich schon bemerkt, aber nicht als Gefahr eingeschätzt. Erst als wir bis auf etwa zehn Meter an ihn herangekommen sind, ergreift er die Flucht. Jetzt fällt auch auf, welch stattliches Tier es ist. Bei näherem Hinsehen entdecken wir noch mehrere Schneehasen. Ihr Fell ist in dieser Landschaft eigentlich viel zu auffällig, aber wahrscheinlich halten sie sich normalerweise in schneebedeckten Regionen auf, die nicht sehr weit entfernt von hier liegen. Der Gletscher erstreckt sich unmittelbar hinter den vor uns aufragenden Felsen und mündet jenseits des Cap Alexander. Zwei imposante Eisberge, die von diesem 1.240 m hohen Gletscher gekalbt wurden, haben wir vorhin schon vom Schiff aus gesehen.

Die Tundra hat hier eine unerwartet vielfältige Flora: Pflanzen, die Ähnlichkeit mit unserem Sonnentau haben, weiße Glockenblumen, gelbe vierblättrige Blüten, Gräser, die sich in einem von uns nicht wahrnehmbaren Wind hin- und herwiegen, gelbe, rote, grüne, weiße und schwarze Flechten – leuchtende Farben und über allem wieder diese wunderbare Stille, die jeden Laut verschluckt!

An Bord war bekanntgegeben worden, dass heute nicht auf das Kontingent von einer Flugstunde pro Passagier angerechnete Helikopterflüge stattfinden würden. Wir glauben allerdings nicht, dass ausgerechnet wir zu den glücklichen Fliegern gehören werden. Durch Zufall erfahren wir aber auf unserer Tundra-Wanderung, der Landeplatz werde ganz in der Nähe sein, und so machen wir uns mit einigen Leuten dorthin auf. Wir gehören dann zur zweiten Fluggruppe von jeweils vier Personen. Das ist wahrscheinlich unser Glück, denn beide Hubschrauber werden eingesetzt, und zwar als Erster der kanadische und danach der russische. Bei Letzterem gibt es nur zwei vordere Sitze, davon einer für den Piloten, und einen hinteren Sitz. Dazwischen befindet sich eine etwas erhöhte Ladefläche. Heinrich nimmt auf dem hinteren Sitz Platz und ich setze mich entgegen der Flugrichtung auf die Ladefläche. Dadurch habe ich einen ausgezeichneten Blick. Es ist mein erster Hubschrauberflug, und ich bin etwas aufgeregt, verspüre aber überhaupt keine Angst.

Der russische Pilot überfliegt das felsige Gebiet, in dem wir gewandert sind, und danach den riesigen Gletscher, was eine ganze Weile in Anspruch nimmt – graubraunweiß liegt er unter uns. Wir kommen an schroffen, teilweise rötlich schimmernden Felswänden vorbei, und dann sind wir über einer Schneefläche, die sich bis zum Horizont erstreckt: das Grönlandeis! Es reicht bis zur Ostküste der größten Insel der Erde und bedeckt ein Gebiet von ungefähr 2,7 Millionen Quadratkilometern! Dieses Eis ist bis zu dreitausend Meter dick und liegt – begrenzt durch die Küstengebirge – wie in einer Mulde. Das erklärt auch, warum es nicht abfließen kann. Doch wenn diese Massen schmelzen würden, so haben Wissenschaftler errechnet, würde der Meeresspiegel um sechs Meter steigen!

Unter uns dehnt sich eine scheinbar endlose

Russischer Helikopter auf dem Achterdeck

Flug übers Grönlandeis

Schneewüste, auf die Wolken fantastische Schatten werfen. Der Pilot fliegt weiter nach Osten ... weiter und weiter ... Ich stelle mir vor, er habe – genau wie wir – das Gefühl für Zeit und Raum verloren, als habe auch ihn die gleiche euphorische Stimmung erfasst.

Aber irgendwann dreht er um, und wieder kommen die rotbraun verfärbten Felsen in Sicht. In der Ferne glänzt das dunkle Meer, auf dem Eisschollen grell leuchten. Die Sonne scheint, inzwischen steht sie schon etwas tief. Wieder überfliegen wir den Gletscher und folgen seinem Lauf. Er fällt steil ab und mündet in einen grünlich schimmernden See ohne Eis, den eine Felsbarriere abschließt. Darunter ist ein Fjord, in dem wir Eisstücke schwimmen sehen – klein wie Zuckerwürfel! Im Mündungsbereich des Gletschers erkennen wir wieder die beiden imposanten Eisberge. Unser Hubschrauberrundflug hat fünfundzwanzig Minuten gedauert, und wie wir später erfahren, war diese lange Dauer eigentlich gar nicht vorgesehen.

Heute Abend wird unser Eisbrecher weiter nördlich in Richtung der schmalsten Meeresenge zwischen Grönland und Ellesmere Island fahren. Vielleicht erleben wir heute auch noch die Mitternachtssonne. Das Wetter sieht gut aus. Es hat sich weiter aufgeklart, am blauen Himmel schweben nur einzelne weiße Wolken.

Es wird bekannt gegeben: Wer zur »Celebration« der Überquerung des 80. Breitengrades nachts geweckt werden will, kann als Zeichen dafür seinen Stiefel vor die Kabinentür stellen. Wegen der Eislage im Kennedy Channel ist nämlich abends der genaue Zeitpunkt dieser Überquerung noch nicht bekannt. Heinrich will nicht geweckt werden, und so stelle nur ich vorm Schlafengehen meinen rechten Gummistiefel vor die Tür.

Tatsächlich: Um zwei Uhr nachts (27.08.) klopft es! Sofort stehe ich auf und nehme meinen Stiefel herein. Allerdings beabsichtige ich nicht, an der gemeinsamen Feier teilzunehmen, die – wie ich später höre –, mit Sekt und Ringelpiez hinter der Brücke vollzogen wird. Ich möchte die Breitengradüberquerung lieber für mich allein erleben, und zwar an meinem Stammplatz am rechten Kabinenfenster, mit Blick auf das eisbedeckte Meer, in der Hand den aufnahmebereiten Camcorder.

Kaum merklich beginnt am Horizont der Himmel sich ins Rötliche zu verfärben. Zunächst ist nur ein schmaler Streifen zu sehen. Er wird breiter und breiter, und schließlich taucht der Sonnenball auf. Sehr schnell steigt die Sonne höher und leuchtet hell und klar – ein atemberaubendes Schauspiel! Das Eis schimmert rötlich. Gleich einem gesprungenen Spiegel reflektiert es verzerrt das Sonnenlicht, und in gleicher Färbung glitzern dazwischen blanke Wasserstreifen. Ein ergreifend schönes Bild!

Das Schiff manövriert sich zwischen den größeren Packeisbrocken hindurch. Die Überquerung bei 80° 03' N, 69° 40' W findet am 27.08. um 2.15 Uhr statt, wie morgens bekanntgegeben wird. Bevor wir umkehren, fahren wir etwa eine Stunde weiterhin in nördlicher Richtung. Als wir an eine geschlossene weiße Packeisfläche herankommen, demonstriert die KHLEBNIKOV noch einmal ihre Kraft. Ich habe mich wieder hingelegt und bin gerade eingeschlafen, als ich von ziemlich heftigem Krach und Gerüttel hellwach werde.

Heinrich steht schon am Fenster. Wir beobachten, wie das Schiff zunächst vergeblich versucht, die starre Eisfläche zu durchbrechen. Es läuft dann ein Stück zurück und mit voller Kraft wieder voraus. Mit dem Bug nimmt es jetzt Kurs auf den Riss, den es vorher schon ins Eis hatte brechen können. Es ist ein in gewisser Weise aufwühlender Anblick, und ich habe das Gefühl, ein wirkliches Abenteuer zu erleben! Auch wenn wir hier nicht von aller Zivilisation abgeschlossen sind – es gibt ja immerhin Funkverkehr –, so aber doch von jedem direkten Kontakt mit der Außenwelt. Anfangs, kurz nachdem wir von Resolute Bay abgefahren waren, überflog uns einmal noch ein roter Helikopter der kanadischen Küstenwache. Aber danach haben wir während der ganzen Reise weder ein Schiff noch ein Flugzeug gesehen.

Als wir nach der kurzen Nacht am 27. August etwas später als sonst aufstehen, scheint bei blauem Himmel die Sonne.

Inzwischen haben wir gefrühstückt, es ist halb zehn Uhr, und vom blauen Himmel ist nichts mehr zu sehen. Wir fahren durch eine dichte Nebelwand, aus der ab und zu unmittelbar vorm Bug die Packeisinseln auftauchen. Dann gibt es das übliche Gerumpel und Gerüttel. Es sind für die hohe Arktis ungewöhnliche neun Grad über Null. Vor einer Stunde wurde durchgesagt, dass wir uns bereits wieder auf Höhe des 79. Breitengrades bewegen. Wir fahren jetzt in südlicher Richtung, und zwar immer noch im Kane Basin an der Küste von Ellesmere Island entlang. Vom Land ist bei dem Nebel allerdings nicht einmal etwas zu ahnen.

Bei den Pflanzen, die wir gestern in der Tundra gesehen haben, handelt es sich um verschiedene Binsenarten, Hahnenfußgewächse, Wollgras, das wir schon bei unseren früheren Anlandungen vorgefunden haben (es wird auch »arktische Baumwolle« genannt), Bergglockenblumen und Steinbrechgewächse. Unser Biologie-Lektor George Divoky hat uns dankenswerterweise mit Material versorgt, mit dessen Hilfe wir nachträglich die Pflanzen bestimmen können.

READING, AVOIDING, EXPLOITING, WORKING, QUITTING. Dies sind die fünf Regeln, die Captain Toomey uns heute anlässlich seines Vortrags »Ice Navigation« im Lecture-room vorstellt. Das sogenannte Lesen des Eises ist eine Kunstfertigkeit, die man erlernen kann. Oder auch nicht. Es gibt Leute, behauptet Captain Toomey, die dies selbst nach sieben Jahren Studium immer noch nicht können. Es scheint eine Art Begabung zu sein, wie sie Peter Høeg auch seiner Romanfigur Smilla zuschreibt. Zwar gibt für dieses Gebiet die kanadische Küstenwache jeweils im Abstand von acht Stunden aktualisierte Eiskarten heraus, die aufgrund von Beobachtungen durch Hubschrauber und Flugzeuge erstellt werden, aber das Eis ändert sich ständig. Also bleibt das Eislesen nach wie vor eine unentbehrliche Navigationshilfe.

Das Eis zu vermeiden ist ein wichtiger Punkt, denn warum soll Treibstoff vergeudet werden, wenn man durch eine Art Zickzackkurs das Eis umgehen kann? Wir haben dies auch schon selbst hier auf der Brücke beobachtet.

Exploiting heißt Ausbeuten, also das Eis für die eigenen Zwecke einsetzen, um voranzukommen. Im gleichen Sinne ist Working, das Arbeiten mit dem Eis zu verstehen.

Quitting bedeutet hier abzuwarten, wenn das Lesen des Eises und die sonstigen Gegebenheiten dem Eisbrecherkapitän sagen, dass sein Schiff nicht geeignet ist, das Eis zu bewältigen. Irgendwann wird eine günstigere Lage eintreten, sei es durch geänderte Wind-, Strömungs- oder Temperaturbedingungen. Dann kann ein neuer Versuch unternommen werden, durch das Eis zu kommen.

Captain Toomey spricht über die verschiedenen Tätigkeiten, die er auszuführen hat. Die gefährlichste scheint zu sein, als Eisbrecher einem Konvoi voranzufahren. Die folgenden Schiffe sind häufig größer, er muss dann zurücksetzen und versuchen, eine breitere Spur zu legen. Außerdem können Schwierigkeiten bei der Kommunikation zwischen dem Eisbrecherkapitän und den Steuerleuten der nachfolgenden Schiffe auftreten. Manchmal – gesteht Captain Toomey – müsse er tatsächlich etwas grob werden. Vor allem aber habe er sich vor der Reise zu vergewissern, dass die nachfolgenden Schiffe genügend leichtes Dieselöl gebunkert hätten, um gegebenenfalls schnell stoppen und starten können. Er müsse auch sicher sein, dass auf ausländischen Schiffen die englische Sprache in ausreichendem Maße verstanden wird. Es sei vorgekommen, dass ein Schiffsführer gesagt habe: »Aye, aye, Sir!«, aber im Grunde nicht wusste, was mit diesem oder jenem Kommando exakt gemeint gewesen war. Toomey berichtet von einem Huckepacksystem, das in Skandinavien und Russland praktiziert wird. Damit kann innerhalb von vier Minuten das nachfolgende Schiff an den

Eisbrecher angeklinkt werden. Beide Schiffe bilden nun eine Einheit, was die Arbeit im Eis enorm erleichtert. In Kanada und den USA ist dieses System zu Toomey's Bedauern noch nicht zugelassen.

Mittlerweile ist es zwölf Uhr geworden, und wir sind in den Alexandrafjord eingefahren, in dem heute nur wenig Eis zu sehen ist (Ostküste von Ellesmere Island, genau 78° 54' N, 75° 13' W) Auch hier schimmern die Felsen zu beiden Seiten rötlichbraun. Direkt voraus erstreckt sich ein riesiger Gletscher, dessen Zunge in das Ende des Fjords sozusagen hineinleckt. Am Ufer können wir einige Hütten erkennen. Fünf Stück zählen wir.

Nachmittags fahren wir bei strahlendem Sonnenschein mit dem Zodiac durch die idyllische Bucht zur Skræling Island, die von der KHLEBNIKOV so weit entfernt liegt, dass wir sie von Bord aus nicht sehen konnten. Mit zirka fünfzehn Minuten wird es eine relativ lange und damit kalte Fahrt. Auf Skræling Island vor der Bache-Halbinsel von Ellesmere Island hat unser Archäologie-Lektor Peter Schlederman ab 1977 geforscht. Hier entdeckte er Spuren von viertausend Jahre alten Prä-Dorset-Häusern! Außerdem fanden er und sein Team Reste von Dorset-Häusern aus dem 11. Jahrhundert sowie von Thule-Häusern (Winterhäuser und sogenannte Summer-camps) aus dem 13. Jahrhundert.

Die grönländische Küste ist nur vierzig Kilometer entfernt, und seit Urzeiten bildet im Winter das feste Eis hier einen natürlichen Übergang (heute als Sverdrup-Pass bekannt) für Jäger aus Nordamerika und Grönland. Dass gerade an dieser Stelle gesiedelt wurde, erklärt man sich durch die besonderen Strömungsverhältnisse vor der Insel. Sie bewirken etwas wärmere Wassertemperaturen und verlängern damit die Vegetationsperiode im kurzen arktischen Sommer. Die Bucht war daher schon immer ein gutes Revier für Walrosse und andere Meeressäugetiere und somit auch für ihre Jäger. Weiter landeinwärts, auf Ellesmere Island, existierten damals große Herden von Moschusochsen. Wenige dieser friedlichen Tiere gibt es auch heute noch. Wir bekommen während unserer Reise allerdings kein einziges zu Gesicht.

Peter hat auf Skræling Island im Ganzen zwölf arktische Sommer verbracht und geforscht. In seinem zweiten Sommer gelang ihm in einem Dorset-Haus eine sensationelle Entdeckung: Er fand eiserne Kettenglieder, die von einem Wikinger-Harnisch (Kettenhemd) stammen müssen, und eiserne Bootsnieten!

An Ort und Stelle erklärt Peter uns die Ausgrabungen. Noch jetzt erkennt man in den Thule-Häusern, die ja nur noch aus einem Sockel von ringförmig aufgeschichteten Steinen bestehen, deutlich die Kälteschleuse. Da die Wärme bekannt-

Spuren von Thule-Häusern auf Skræling Island

Tundra mit Wollgras

lich nach oben steigt, blieb sie so trotz der Öffnung im inneren Bereich. Durch diese tiefer gelegte Schleuse krochen die Bewohner wie durch einen Tunnel ins Haus. Drinnen gab es einen Aufenthaltsraum von ungefähr sechs Quadratmetern und eine etwas abgetrennte Feuerstelle. Neben einem anderen Haus, dem jüngsten Thule-Sommerlager, sehen wir die Reste eines separat angelegten Raumes, der von den Archäologen als Fleisch-Vorratsraum gedeutet wird. Die Feuerstelle befand sich während des Sommers ebenfalls außerhalb des Hauses. In einigen Grabungsstellen liegen ausgeblichene Walknochen herum – auch sie viele hundert Jahre alt!

Das Gelände auf der Insel steigt steil an, wieder sind es mit Moosen und Flechten bewachsene Felsen. Von oben bieten sich uns überraschend idyllische Ausblicke auf kleinere Buchten, die mit Eis übersät sind. Das Eis ist zum Teil in skurrilen Formen erstarrt. Die Sonne spiegelt sich im Wasser, und die gegenüberliegenden rotbraunen Berge werfen ihren Abglanz in senkrechten Streifen ins Meer. Über allem liegt jene unglaublich tiefe Stille, die auf mich einen ganz eigenen Zauber ausübt.

In der warmen Sonne – es sind acht Grad – gehen wir von dem Platz des Prä-Dorset-Hauses am entfernteren Ende der kleinen Insel in ungefähr einer Viertelstunde wieder zurück zur Zodiac-Anlandestelle. Wir haben die Parkas geöffnet und die Handschuhe weggesteckt. Unterwegs im Boot wird gefragt, wer noch zu der Bucht gefahren werden wolle, an deren Ufer vom Schiff aus die Holzhäuser zu sehen gewesen waren.

Übrig bleiben nur noch Captain Toomey und ich. In rasantem Tempo und mit abgehobenem Bug fährt unser jetzt nur mit drei Personen besetztes Schlauchboot dorthin. Diesmal klettere ich ohne Hilfe auf das steinige Ufer, das ziemlich steil ansteigt. Ein mit weiß gestrichenen Steinen gesäumter Weg führt zu den fünf verstreut liegenden, ebenfalls weiß gestrichenen Holzhäusern. Auf einem Schild am größten Haus lese ich »Royal Canada Mounted Police«, davor flattert an einem Mast die kanadische Fahne mit dem roten Ahornblatt. Die Fenster der Häuser sind zugenagelt, die Station ist verlassen (abandoned), heißt es. Auf einem entfernten Platz lagern noch viele gelb gestrichene Tonnen – vermutlich mit Öl. Nicht weit von den Häusern ist ein anderer Platz zu erkennen, der mit leeren Tonnen begrenzt ist. Vielleicht ist es die Stelle, an der kleine Flugzeuge oder Helikopter landen können.

Später erfahre ich, was es mit dieser RCMP auf sich hat: Ab 1926 bis Mitte der dreißiger Jahre hatte schon einmal eine Polizeistation auf Ellesmere Island bestanden. 1955 beschloss die kanadische Regierung, erneut einen solchen Posten einzurichten, und zwar diesmal am Alexandra-Fjord. Die

Beamten wurden hier während ihrer ausgedehnten Schlittenpatrouillen von Inuit begleitet, die mit ihren Familien in den anderen vier Häusern untergebracht waren. Nach zehn Jahren, 1965, gab man allerdings auch diese Station auf. Die Gebäude und Anlagen werden von der kanadischen Regierung nur noch instand gehalten, um ihre Präsenz in der hohen Arktis zu demonstrieren.

Der mächtige Gletscher scheint direkt vor mir aufzuragen. Einige von uns haben sich nachmittags nicht auf die Skraeling-Insel fahren lassen, sondern hierher, um eine zweistündige Wanderung zum Fuß des Gletschers zu unternehmen. Etliche mussten allerdings unterwegs umkehren, weil der Weg zu beschwerlich war. Von der Landschaft habe man kaum etwas wahrnehmen können, heißt es, da man ständig auf die Beschaffenheit des sehr unwegsamen Bodens hätte achten müssen.

Unterwegs fallen mir Pflanzen auf, deren gelbe Blüten ungewöhnlich groß sind – wie etwa ein Markstück. Es ist der sogenannte arktische Mohn, erfahre ich später. Auf dem Rückweg zum Ufer komme ich an einer aus flachen Steinen aufgeschichteten, etwa mannshohen Säule vorbei. Die lebhaften Japanerinnen unserer Reisegesellschaft haben gerade einen blau gestrichenen Stein herausgezogen und ein zusammengefaltetes Blatt Papier aus der Höhlung dahinter geholt. Ist es möglicherweise eine Instruktion für den Notfall?

Ich lasse dies auf sich beruhen, denn ich vertraue darauf, dass die neugierigen Frauen das Papier an seinen ursprünglichen Platz zurücklegen.

Man kann wirklich nicht behaupten, das Leben an Bord sei langweilig! Denn kaum habe ich mich in der Kabine wieder umgezogen, werden wir durch den Lautsprecher aufgefordert, uns auf dem Hubschrauberdeck einzufinden; heute soll nun endlich unsere »Gletscherlandung« stattfinden.

Wir gehören dann zur zweiten Gruppe, die sich Stand-by auf dem Helikopterdeck aufhält. Es ist sechs Uhr abends, bereits vor zehn Minuten haben wir in unserer Kabine einen Hubschrauber zum üblichen Erkundungsflug starten gehört. Jeden Moment wird dessen Rückkehr erwartet.

Vor den Felsen am Ufer steht eine Nebelbank, nur die flachen Kuppen des Tafelgebirges werden noch vom Sonnenlicht beschienen. Es sieht aus, als würde alles programmgemäß verlaufen. Doch sehr schnell verdichtet sich der Nebel, und bald wird für uns offensichtlich, dass ein Hubschrauberflug zum Gletscher nicht stattfinden kann. »Aber«, meint Silke, »entscheiden muss die Expeditionsleitung, und wenn sie sagt, es wird trotzdem geflogen, dann geht es auch los!« Uns ist etwas mulmig zumute. Wir werden nämlich auf einen Gletscher (oder wie die Kanadier sagen »Ice Cap«) geflogen und dort nach einiger Zeit vom Hubschrauber wieder abgeholt. Es dürfte allerdings kein schönes Gefühl sein, oben zu bemerken, wie der Nebel immer dichter wird und sich vorzustellen, dass der Hubschrauber den Gipfel möglicherweise nicht wiederfinden kann!

Das Erkundungsteam ist jetzt seit fünfunddreißig Minuten unterwegs und damit längst überfällig. Vor einer halben Stunde hat das Schiff den Anker gelichtet und ist ein Stück fjordauswärts gefahren. Inzwischen ist es aber wieder umgekehrt und dreht jetzt Kreise in der Bucht. Wir vermuten, dass das geschieht, damit der Pilot uns leichter wiederfindet. Das scheint schwierig zu sein, denn er fliegt auf Sicht. Zwar ist er mit einem Peilsender und Empfänger ausgerüstet, doch das Gerät sagt ihm nur die allgemeine Richtung und sonst nichts.

Jetzt wird uns offiziell mitgeteilt, sämtliche Flüge seien wegen des Nebels gestrichen worden. Unsere Gruppe harrt aber trotzdem aus. Wir möchten die glückliche Rückkehr des Helikopters abwarten, denn allmählich sind wir doch etwas in Sorge.

Gerade habe ich mir wieder einmal das Fernglas vor die Augen gehalten, als ich über der Bucht, in der sich die verlassene Station der Royal Canada Mounted Police befindet, im Nebel eine Bewegung wahrnehme: Aus der grauen Wand taucht der Helikopter auf und hält auf unser Schiff zu. Nach der Landung steigen Norman, Assistentin

Kate und Assistent Lars aus, und wir alle sind froh, sie wiederzusehen! Beruhigt können wir nun unseren »Wachposten« auf dem Helikopterdeck verlassen und in unsere Kabine gehen. Hier entledigen wir uns der Schwimmweste und der warmen Kleidung. Und dann genehmigen wir uns einen Drink aus unserem Kühlschrank zur Feier der glücklichen Rückkehr des überfällig gewesenen Helikopters.

Um neun Uhr abends hat der Nebel sich gehoben. Noch gerade eben haben wir es fast beklagt, dass die See so ruhig ist. Doch gleich darauf sind Schaumköpfe zu sehen, das Meer wird ziemlich kabbelig. Das Packeis, das vorhin nur ganz vereinzelt auftrat, kommt jetzt häufiger vor. Captain Toomey wird als Eisberater auf der Brücke wohl wieder viel zu tun haben.

Auch unser Tag ist noch nicht zu Ende. Im Lecture-room sehen wir einen englischen, für das deutsche Fernsehen gedrehten Film. Er entstand im letzten Jahr an Bord der KAPITAN KHLEBNIKOV, als das Schiff durch den Kennedy Kanal bis in die Lincoln Sea zu gelangen versuchte. Am Ausgang des Kennedy Kanals blieb die KHLEBNIKOV jedoch im Eis stecken und musste nach fünf Tagen schließlich mit Hilfe des russischen Atomeisbrechers YAMAL befreit werden.

Seitdem ich diesen Film kenne, ist mein Vertrauen in Kapitän Peter Golikov etwas erschüttert. Es wurde nämlich deutlich, dass er eindringlich davor gewarnt worden war, wegen der dichten Eislage weiterzufahren. Die Empfehlung der kanadischen Küstenwache lautete sogar: Umkehr! Golikov schlug diesen dringenden Rat in den Wind, und die Folgen wurden vom zufällig anwesenden Filmteam dokumentiert. Doch unser Kapitän wird hoffentlich aus diesen Fehlern gelernt haben. Vielleicht erklärt sich durch jenen Zwischenfall auch die obligate Anwesenheit eines kanadischen Eisberaters?

Sonntag, 28. August. Morgens ist es wieder neblig, es regnet. So bewegt wie heute Nacht ist die See nicht mehr, aber auch nicht so glatt wie in den Tagen davor. Nur noch vereinzelt tauchen Eisschollen auf. Gerade vor uns erhebt sich ein riesiger, einzelner Eisberg. Er hat wirklich eine imponierende Größe: ungefähr fünfundzwanzig Meter hoch und fünfzig Meter breit!

Inzwischen wirft die Sonne einen milden Glanz aufs Wasser, aber der Himmel ist noch nicht ganz klar. Wir befinden uns im Hvalsund und fahren weiter in Richtung Qaanaaq (Thule). Rechts und links des Walsundes erstrecken sich schneebedeckte Felsen: Auf unserer Backbordseite Tafelberge, deren waagerechte Konturen ab und zu durch spitze Gipfel unterbrochen werden, und auf der Steuerbordseite ausschließlich sanft geschwungene Hochplateaus. Backbord schwebt auf halber Höhe eine Nebelbank vor der Küste, während steuerbord der Nebel noch auf dem Wasser liegt. Gerade voraus taucht ein riesiger Tafeleisberg auf. Er ist nicht so hoch wie derjenige, den wir eben passiert haben, doch sein Durchmesser dürfte erheblich größer sein. Innerhalb kurzer Zeit hat sich das Bild schon wieder verändert. Allmählich verdichtet sich das Eis und es gibt noch mehr große Eisberge.

Heute Vormittag höre ich einen Vortrag von Peter Schlederman über seine Ausgrabungen und sensationellen Entdeckungen. Er erklärt, als Lehrmeinung gelte, dass die Thule bereits um achthundert v. Chr. hier in der hohen Arktis gesiedelt hätten. Nach ihnen seien dann die Normannen (Wikinger) gekommen. Die Auswertung seiner eigenen Forschungen führe aber zu dem Schluss, dass es genau umgekehrt gewesen sein musste. Und zwar waren es die Thule, die erst später kamen. Diese Auffassung sei in Grönland politisch allerdings nicht sehr erwünscht.

Peter berichtet Einzelheiten von seinen Ausgrabungen auf Skræling Island in den siebziger Jahren. Sein Freund hatte etwas Undefinierbares gefunden und einen Teil davon aus dem Boden gezogen. Im gleichen Moment roch Peter Wolle und hielt natürlich seinen eigenen Pullover für den Urheber des Geruchs. Inzwischen zog sein Kollege das Material jedoch weiter aus der Erde heraus, und zum Vorschein kam ein Wollhemd! Es hatte sich samt Geruch über achthundert Jahre erhalten! Andere ausgegrabene Dinge – wie Knochen oder Müll – waren ebenfalls erstaunlich gut konserviert geblieben. Peter erzählt, der Geruch dieser Dinge sei so intensiv gewesen, dass man an einem nebligen Tag die Ausgrabungsstelle auch nur mit der Nase hätte finden können!

Es ist jetzt kurz vor dem Lunch, wir sitzen im Lecture-room. Gerade eben wurde Torben Dicklev mit dem Helikopter eingeflogen. Torben ist gebürtiger Reichsdäne aus Kopenhagen und Museumsleiter in Qaanaaq. Ganz offensichtlich ist er mit einer Grönländerin verheiratet, denn seine beiden Schwäger, die er mitgebracht hat, sehen wie reinrassige Inuit aus. Der eine von ihnen wird gleich Lieder singen, deren Text der andere für uns aus dem Inuktitut ins Englische übersetzt.

Trotz der Wärme im Saal hat der Sänger uns zu Ehren seine doppelseitigen, langhaarigen Eisbärfellhosen, Kamiken (Sealfellstiefel) und den Eisbärfellanorak mit Kapuze angezogen. In eintönigem Singsang trägt er die Lieder vor, in denen wir immer wieder die Silben »jajaja« hören. Beim Singen schließt er die Augen. Er begleitet sich mit einem dem Tamburin ähnlichen Instrument, an dessen Rand ein Tierknochen mit einem Band befestigt ist. Mit dem Knochen schlägt er einen einfachen Rhythmus auf den Resonanzboden, während er sich in den Knien wiegt. Ein Lied handelt von einer Mutter, deren Sohn von einem Eisbären getötet wird. Später findet sie ein verlassenes Eisbärjunges, das sie aufzieht wie ihr eigenes Kind. Als auch dies stirbt, verwandelt sie sich vor Kummer in einen Stein. Jener Stein soll immer noch vor Thule zu sehen sein. Besonders dieses Lied begleitet der Sänger auch pantomimisch: Er schluchzt vernehmlich und fährt sich mehrmals mit der Hand über die Augen.

Anschließend zeigt Torben einige Dias vom jetzigen Thule, das an der Stelle aufgebaut wurde, an der es früher einmal die Siedlung Qaanaaq gab. Das neue Thule besteht erst seit 1953. Damals konnten die Einwohner im alten Thule nicht mehr leben, denn durch den Lärm der Thule-Airbase der US-Streitkräfte waren die Tiere – die Existenzgrundlage der Bevölkerung – aus dieser Region vergrämt worden. So verließen auch die Menschen ihren angestammten Platz. Es gibt aber auch eine andere Version. Danach sollen Thules Einwohner vom US-Militär gezwungen worden sein, ihre Häuser innerhalb von 24 Stunden zu verlassen! Sie zogen ins ungefähr zweihundert Kilometer weiter nördlich gelegene Qaanaaq, Hier bauten sie sich Holzhäuser nach reichsdänischem Vorbild, und hier fanden sie auch genügend Tiere, die sie jagen konnten und können. Aber wie lange noch? Vor dem Hvalsund werden nämlich Ölvorkommen vermutet. Wenn eines Tages deren Ausbeutung beginnt, werden sich die geplagten Menschen wieder eine neue Heimat suchen müssen!

Das heutige Thule hat nicht mehr als fünfhundertfünfzig Einwohner. Es gibt eine Kirche, ein Hospital, eine Schule, ein geophysikalisches Observatorium, ein Altenheim und in einiger Entfernung vom Ort einen Friedhof. Mitten in der Stadt stehen mehrere riesige Öltanks. Das Museum, die Post und ein kleines Handicraft-Center haben unseretwegen sogar heute am Sonntag geöffnet.

Nach Qaanaaq fliegen wir mit dem Helikopter – allerdings über einen »Umweg«. Denn heute klappt es endlich auch mit dem versprochenen »Gletscherflug«. Um zwei Uhr stehen wir auf dem Hubschrauberdeck und kommen mit zwei weiteren Passagieren und Norman sogar in die erste Maschine. Diesmal ist es die kanadische, die Kufen statt Räder besitzt. Wir müssen uns anschnallen, was im russischen – zumindest auf meinem Platz auf der Ladefläche – gar nicht möglich gewesen war.

Die geeignete Bergkuppe hat der Pilot unmittelbar vorher ausgekundschaftet, ebenfalls die momentanen Wetterbedingungen – »safety first!« ist selbstverständlich. Denn es geht darum, auf Sicht zu landen, uns abzusetzen und später wieder aufzunehmen.

Vom Helikopterdeck steigen wir fast senkrecht auf neben zerklüfteten, seltsam filigran wirkenden Felsen, die schroff zur Küste abfallen. Unter uns schimmert hellgrün bis dunkelblau der Meeressaum, und im Wasser schwimmen jetzt erstaunlich klein die mächtigen Eisberge und die weißen Tupfer der Eisschollen. Wir überfliegen Gletscher und erkennen, wie ihre flach auslaufenden Zungen ins

Meer lecken, wir überqueren gleißende und zum Teil von Wolkenschatten bizarr gezeichnete Schneefelder.

Auf der Kuppe eines Berges setzt der Hubschrauber mit seinen Kufen auf. Geologe und Glaziologe Norman steigt kurz aus, um einen Stab mit einem grünen Wimpel in den Schnee zu pflanzen. Anschließend heben wir wieder ab, und im Umkreis dieser Markierung sucht der Pilot nach einem geeigneten Landeplatz. Nach dem Hinausklettern dürfen wir uns aus Sicherheitsgründen nicht weiter als dreißig Meter von dem Wimpel entfernen.

Inzwischen stapfen wir durch den unberührten Schnee – sind wir die Ersten, die ihren Fuß auf diesen Gipfel setzen? Der Helikopter hat schon wieder abgehoben, und mir kommt der Gedanke:

Auf dem Gletscher (»Ice Cap«)

Wenn er uns nun später nicht wiederfindet? Aber es sind sehr erfahrene Piloten, außerdem ist der grüne Wimpel vermutlich mit einem Peilsender versehen.

Von hier oben in etwa tausend Metern Höhe blicken wir auf die gegenüberliegenden Gletscher, die die Bucht im Halbkreis umgeben, und hinunter auf das im Gegenlicht silbrig glänzende, eisgesprenkelte Meer. Über uns spannt sich der weite arktische Himmel, dessen Blau jetzt mit grauen und weißen Wolkenstreifen durchzogen ist, und während ich dies alles in mich aufnehme, fühle ich mich wie in einem Traum …

Doch nur zu bald holt der Bordhubschrauber uns wieder ab und bringt uns in einem weiteren Rundflug über diese fantastische Schnee-, Gletscher-, Felsenlandschaft und das Meer nach Qaanaaq. Auf dem Tundraboden nahe dem Museum setzt er auf. Noch etwas benommen von den überwältigenden Bildern klettern wir aus der Maschine.

Die restlichen Nachmittagsstunden verbringen wir in Qaanaaq. Im Museum kommen wir mit Torben Dicklev ins Gespräch. Ich frage ihn: »Kennen Sie Fräulein Smillas ...« Bevor ich den Romantitel »... Gespür für Schnee« vollständig nennen kann, antwortet er: »Ja, natürlich, sie ist meine Schwägerin!« – »Nein«, ich schüttele den Kopf und erkläre lachend, »ich meine doch das Buch!« – »Ja«, wiederholt Torben, »aber Peter Høeg hat die grönländischen Details seines Romans von meiner Schwägerin Smilla!« Wir können dies kaum glauben. Andererseits: Warum sollte Torben uns etwas vorschwindeln?

Das Museum ist sehr liebevoll eingerichtet. Es befindet sich in einem Holzhäuschen, das man auf der hier üblichen offenen Holztreppe erreicht. Einige Artefakte stammen sogar von Peter Schledermans Ausgrabungen auf grönländischem Gebiet. Torben ist sehr bemüht, weitere Funde, die zunächst nach Nordamerika gingen, nach Grönland zurückzuholen – natürlich für sein Museum.

Wir Passagiere des Eisbrechers müssen uns in das aufgeschlagene Gästebuch eintragen. »Das ist gut für meine Statistik«, erklärt Torben und reibt sich zufrieden die Hände. Das glaube ich allerdings auch. Denn wann wird er je wieder so viele Gäste in seinem kleinen Museum begrüßen können?

Nach unserem Museumsbesuch machen wir uns auf zum Handicraft-Center. Trotz der wenigen »Straßen« finden wir es nicht sofort. Wahrscheinlich liegt es daran, dass wir unwillkürlich nach einem größeren Gebäude suchen. Heinrich gibt auf und beschließt, sich stattdessen den Friedhof vor der Stadt anzusehen. Er ist auf einem abgezirkelten Platz mitten in der Tundra angelegt. Unterschiedlich große, schlichte weiße Holzkreuze stehen darauf, die Gräber sind mit künstlichen Blumen

Qaanaaq (Thule) beim Anflug

Qaanaaq, Museum

geschmückt. Im Mittelpunkt des Friedhofs erhebt sich eine Art niedriger Glockenturm, allerdings ohne Glocke. Ich kenne den Friedhof bereits von einem Dia, das Torben auf seinem Vortrag gezeigt hatte.

Endlich finde ich das Kunsthandwerkszentrum, ein auffällig blau gestrichenes kleines Haus. Viel hat es für Touristen nicht zu bieten: Einige Fuchskragen und -schwänze, Sealstirnbänder, eine oder zwei Taschen aus Sealfell, Schnitzereien aus Walrossstoßzähnen und dem Einhorn des Narwals. Sehr schön ist ein breiter, runder Kragen aus kleinen bunten Perlen, wie Inuitfrauen ihn an Festtagen tragen mögen.

Das Ortsbild unterscheidet sich kaum von dem der anderen von uns schon besuchten Plätze in der Arktis: Pisten statt Straßen, Strommasten mit Kabelgewirr und Häuser aus Holz. Ein größeres Gebäude wird gerade in der typischen dänischen Fachwerkbauweise errichtet. Trotz des Sonntags sind die Zimmerleute fleißig bei der Arbeit.

Als Besonderheit in Qaanaaq erscheint uns eine auf Stelzen stehende, mit Holz verkleidete und innen wahrscheinlich kälteisolierte Versorgungsleitung, die sich oberirdisch quer durch den Ort zieht. An einigen Stellen führt eine hölzerne Fußgängerbrücke hinüber. – Überall sieht man angekettete Huskys, die irgendwo im Freien ihr Dasein fristen. Ihr ununterbrochenes Bellen und geradezu jämmerliches Heulen begleitet uns, während wir durch den Ort spazieren. Vielleicht sind sie durch die vielen Fremden und den Hubschrauberlärm heute besonders aufgeregt.

Es steht zur Wahl, entweder mit dem Zodiac oder dem Helikopter zurück an Bord zu fahren bzw. zu fliegen. Natürlich wählen wir das Letztere und reihen uns am Landeplatz bei den Leuten ein, die das Gleiche beabsichtigen. Der Flug mit dem kanadischen Piloten wird nicht nur ein direkter Transport von Qaanaaq zum Eisbrecher, sondern unerwartet wieder ein wunderbarer, ungefähr fünfzehn Minuten dauernder Rundflug.

Zurück an Bord bereiten wir uns in der Lounge Kaffee beziehungsweise Tee. Den ganzen Tag über stehen hier Heißwasser- und Kaffeebehälter zur Selbstbedienung bereit. Falls jemand stärkeren oder schwächeren Kaffee wünscht, ist auch das kein Problem: Kaffeepulver – normal und entcoffeiniert – kann man sich aus einem gläsernen Vorratsgefäß mit Portionsdrehknopf holen. Sieben verschiedene Sorten Tee in den üblichen Beuteln stehen ebenfalls zur Verfügung. Nachmittags gibt es dazu die wunderbarsten Torten und anderes leckeres Gebäck.

Inzwischen wird es Zeit, sich für den Empfang beim Kapitän umzuziehen. Ab sechs Uhr abends hat er heute die Transocean-Reisegruppe in seine

Kabine auf dem neunten Deck gebeten. Miteinladende sind der Expeditionsleiter und sein Staff.

Die Kabine bzw. Suite des Kapitäns besteht aus mehreren Räumen und erstreckt sich über die ganze Decksbreite. Gleich am Eingang fällt eine Art Mini-Wintergarten mit Grünpflanzen auf. Den Blattgewächsen scheint die auch hier oben zu spürende ständige Vibration der Maschine offensichtlich schlecht zu bekommen, denn sie sehen ziemlich traurig aus. In ihren mit buntem Plastik umwickelten Blumentöpfen erzählen sie jedoch etwas von der Sehnsucht eines Eisbrecher-Kapitäns nach der Farbe Grün.

Kapitän Golikov steht inmitten seiner Gäste. Er begrüßt sie nicht einzeln, sondern pauschal mit einigen unverbindlichen Sätzen. Expeditionsleiter Darrel Schoeling sagt ebenfalls einige Worte zur Begrüßung, denen sich unsere Silke von Transocean Tours anschließt. Die Kleidung der Gäste ist sehr leger. Nur wenige tragen Anzug oder Kleid, und sogar der Kapitän hat sein Jackett geschmissen. Es gibt den üblichen Sekt oder Saft, dazu werden sehr schmackhafte Mini-Frühlingsrollen und kleines Blätterteiggebäck mit Räucherfischfüllung gereicht.

Captain Toomey, mit dem wir uns eine Weile unterhalten, berichtet von einem ungewöhnlichen Erlebnis, das die an Bord gebliebenen Leute hatten, während wir anderen nachmittags »ashore«

waren. Auf dem Schiff hätten sie einen plötzlichen Knall wie von einer Explosion gehört! Zum Glück war es aber nichts am oder im Schiff, wie zunächst befürchtet wurde. Sondern ein ganz in der Nähe schwimmender mächtiger Eisberg war unerwartet in zwei Teile auseinandergebrochen! Das kann natürlich gefährlich werden, falls anschließend ein Teil auf das ankernde und damit manövrierunfähige Schiff zutreibt und es von der Seite trifft. Beide Teile blieben aber an Ort und Stelle, nur kleinere Brocken setzten sich in Bewegung.

Nach dem Abendessen wollten wir eigentlich auf der Bache-Halbinsel (Ellesmere-Island) an Land gehen, wegen des starken Seegangs ist ein Ausbooten jedoch nicht möglich. Mit solchen Unwägbarkeiten ist bei Schiffsreisen natürlich immer zu rechnen. Es war beabsichtigt gewesen, genau die Stelle zu besuchen, an der 1884 sechs Überlebende der vierundzwanzigköpfigen Greely-Expedition gerettet wurden. Die anderen waren verhungert, da die beiden Versorgungsschiffe nicht angekommen waren. Eines von ihnen hatte wegen des starken Eises umkehren müssen, das andere war gesunken.
Nun können wir diesen historischen Platz am Ufer also nur aus ziemlicher Entfernung sehen. Doch mit dem Fernglas holen wir ihn so nah wie möglich heran.

Für heute Nacht werden wieder »seriously floes«, also ernst zu nehmende Eisfelder erwartet. So heißt es im neuesten Eisbericht, den ich bei meinem täglichen Besuch auf der Brücke eingehend »studiert« habe.

Montag, der 29. August, halb acht Uhr morgens. Inzwischen haben wir wohl das ernst zu nehmende Eis erreicht. Es besteht aus einer fast geschlossenen Decke aus altem und neuem Eis. Das Schiff sucht die wenigen dünneren Stellen mit »First-year Ice« (so lautet der Fachausdruck) und fährt sehr langsam in einem sanften Zickzackkurs. Die weiße Fläche erstreckt sich bis zum Horizont, der in dieser Weite gerundet erscheint. Die großen Eisschollen haben sich zum Teil sehr hoch aufeinandergetürmt, und für uns Laien sieht die Situation etwas bedrohlich aus.

Eineinhalb Stunden sind vergangen, die Eissituation hat sich entspannt. Nur noch wenige Eisberge und -schollen schwimmen im Wasser, in dem sich wieder die Wolken spiegeln. Unser Schiff wird von einzelnen Dreizehenmöwen (lat. Rissa tridactyla) und von Eissturmvögeln (lat. Fulamarus glacialis) begleitet. Die Dreizehenmöwe, englisch: Kittiwake, ist an ihren schwarzen Flügelspitzen zu erkennen. Der Eissturmvogel fliegt tief unter uns über dem Wasser, dabei wirkt er fast schwarz.

Wir gleiten an einzelnen Gletschern an unserer Backbordseite vorbei. Seit einiger Zeit befinden wir uns im Jones Sound, der zwischen Ellesmere

Island und Devon Island liegt. Über Nacht müssen wir wieder an Coburg Island vorbeigekommen sein. Unser Ziel ist Cap Sparbo an der Nordostküste von Devon Island. Dort werden wir an Land gehen, um die amerikanische Forschungsstation »True Love Lowland« zu besuchen. Außerdem wollen wir »die Küste erforschen«, wie es im Tagesprogramm heißt. Wegen der Eisfelder während der Nacht und am frühen Morgen haben wir allerdings etwas Zeit verloren. Auch jetzt fahren wir nur mit sechs Knoten. Die Lufttemperatur beträgt fünf Grad, der Himmel ist dicht bewölkt, nur am Horizont zeigt sich ein heller Streifen, es ist trocken und windstill.

Ich stehe am Fenster unserer Kabine und blicke auf das Meer. Einige Gedanken gehen mir auf dieser Reise immer wieder durch den Sinn: Allein schon dadurch, dass unser Schiff durch das Eis fährt, werden die Bedingungen für die Tiere und Pflanzen verändert – abgesehen von allen sonstigen Einflüssen auf die hier weitgehend noch unberührte Natur. Auch bei noch so behutsamem Verhalten muss sich dieses Eindringen negativ auswirken.

Auf dem vorderen Arbeitsdeck sind heute Vormittag nur wenige Passagiere. Unter ihnen befindet sich George Divoky, unser Biologie-Lektor. Der Amerikaner ist ein noch junger Mann, der etwas schüchtern wirkt. Das Auffällige an ihm ist sein Ein-Okular-Fernglas, ohne das er im Freien nie anzutreffen ist. An einem Gestell hat er das Glas und einen abgesägten Gewehrkolben parallel zueinander verschoben und mit Klebeband zusammengebunden. Das sieht auf den ersten Blick recht martialisch aus. Doch diese sinnvolle Konstruktion ist einleuchtend, denn jeder weiß, wie schwer im Freien und bei Wind ein Fernglas ruhig zu halten ist. George stützt nun einfach den Gewehrkolben gegen seine Schulter und gewinnt damit Stabilität für das Fernglas.

Die Häufigkeit und Dichte des Eises wechselt ständig. Als wir gegen halb elf Uhr gerade eine feste Eismasse passieren, verkündet Darrel durch die Lautsprecher, backbord voraus sei endlich ein Eisbär mit einem Jungtier zu sehen! Ob und wann wir Eisbären begegnen, ist seit Reisebeginn ein ständig präsentes Thema. Einige meinen sogar, ohne Eisbärfoto sei die Reise für sie ein Fehlschlag! Wir sind natürlich nicht dieser törichten Auffassung, denn für uns steht der Wert der ungewöhnlichen Expedition schon jetzt fest.

Lange müssen wir suchen, bis wir die Tiere erkennen, die sich optisch kaum vom Eis abheben. Die Entfernung ist allerdings sehr groß. Trotzdem können wir beobachten, wie sie hin- und herlaufen und wie einmal das Junge von einem kleineren Eisberg hinunterspringt.

Es sieht nicht so aus, als ob wir unser Ziel Cap Sparbo bald erreichen würden. Der Himmel hat sich ganz zugezogen, es regnet. Etwas Wind ist aufgekommen und die noch offenen Stellen der See kräuseln sich in leichten Wellen. Das Picknick, das wir eigentlich an Land hätten einnehmen wollen, verzehren wir nun im Dining-room. Und danach hat sich das Wetter sogar noch weiter verschlechtert. Jetzt regnet es in Strömen und der Nebel ist dichter geworden. Die Expeditionsleitung versucht uns damit zu trösten, dass wir bei diesen Bedingungen auch an Land keine Sicht gehabt hätten.

Also fahren wir weiter durch den Jones Sound auf Hell's Gate zu. Das Höllentor liegt noch in sechzig Seemeilen Entfernung, für deren Bewältigung wir mindestens sechs Stunden benötigen werden. Der Wind sei aufgefrischt, meldet Darrel über Lautsprecher, und komme aus Nordwest, ein Eisfeld treibe auf uns zu. Wir beobachten jetzt Schaumkronen auf den Wellen der wieder nur mit einzelnen, großen Eisschollen bedeckten See.

Bei diesem trüben Wetter und keinen Aussichten auf Landgang haben wir uns zu einem Mittagschläfchen hingelegt. »A polarbear 's swimming near us on portside!« Wie elektrisiert springen wir nach dieser unerwarteten Durchsage auf und laufen zu unseren Fenstern. Tatsächlich, in gleicher Geschwindigkeit wie das Schiff schwimmt in zirka

Eisbären in Sicht

Eisbrecher KAPITAN KHLEBNIKOV
Aufbauten mit Brücke und Kabinenfenstern

zwanzig Metern Entfernung ein erwachsener Eisbär! Ab und zu blickt er zu uns herüber. Er dreht seinen Kopf mit der schwarzen Schnauze, als wolle er abschätzen, wie schnell wir sind und was wir vorhaben. Während das Schiff seine Fahrt verlangsamt, schwimmt er weiterhin links von uns. Er steuert auf eine große zusammenhängende Eisfläche zu, schüttelt sich und tapst hinauf. Oben schüttelt er noch einmal das Wasser aus seinem Fell und spaziert in Richtung unseres Schiffs. Dabei verschwindet er unter dessen Bug, und aus unserer Sicht scheint es, als ob er dabei zermalmt werden müsste. Aber nein – auf der anderen Seite vom Bug taucht er wieder auf! Das Schiff hat jetzt gestoppt. Das Tier läuft auf dem Eis herum, es wirkt etwas ziellos. Die KHLEBNIKOV manövriert sich noch näher heran, aber der Eisbär weicht zurück, verschwindet wieder vor dem Schiffsbug, taucht backbord auf, reckt sich, setzt sich auf dem Eis in einiger Entfernung kurz auf seine Hinterbeine und läuft dann leicht hin- und herschaukelnd so weit, bis wir ihn schließlich aus den Augen verlieren.

Ganz überraschend ist es aufgeklart, vor uns kann man wieder die Küste sehen. Der Himmel ist blau, überzogen mit weißen, schnell dahinziehenden Wolkenfetzen. Das Meer ist zum großen Teil offen, nur hin und wieder begegnen wir größeren Eisschollen.

Gleich ist es vier Uhr nachmittags, die Sonne scheint hell, die See ist recht bewegt, und jetzt tauchen hin und wieder umfangreiche Eisfelder mit kleineren Eisbergen auf. Der Wind kommt für uns direkt von vorn und zerrt an den Zodiacs auf dem Arbeitsdeck. Wir haben uns innerhalb des Sundes an die rechte Küste angenähert – jedenfalls ist nur diese zu sehen. Wieder sind es hoch aufragende Felsen mit Plateaus, nur ab und zu von spitzen Bergen unterbrochen. Es scheint, als ob wir direkt auf einen kegelförmigen Berg zuhielten – weit hinten am Horizont. Wir stehen jetzt oben auf dem neunten Deck. Der Sturm ist gewaltig. Wenn ich mich etwas über die Reling beuge, werde ich wie von unsichtbarer Hand zurückgedrückt.

Lange halten wir es draußen nicht aus und gehen daher bald auf die Brücke. Dort studiert Captain Toomey gerade die neueste Eiskarte, die für einen Laien ziemlich unübersichtlich aussieht. Bei dieser Karte fällt mir allerdings eine riesige, rot gekennzeichnete Fläche auf. Wie ich aus Toomeys Vortrag weiß, bedeutet dies nahezu undurchdringliches Eis. Aber irgendwo wird sich sicher ein Weg finden, denn bis wir dort sind, kann sich die Situation schon wieder geändert haben. Wir beobachten den jungen Offizier, der auf seinem erhöhten Drehstuhl in der Mitte der Brücke sitzt und das schwere Schiff mit dem kleinen Steuerruder im Zickzackkurs durchs Eis lenkt.

Heute sind viele Passagiere hier oben. Der Geräuschpegel ist ziemlich hoch, und manchmal blickt der Steuermann etwas genervt um sich. Das Radargerät ist nicht eingeschaltet, denn die Sicht ist sehr gut und außer mit Eisbergen braucht hier natürlich nicht mit anderen Schiffen gerechnet zu werden. Kurz nach sechs Uhr erscheint Kapitän Golikov selbst auf der Brücke und verschafft sich zusammen mit seinem ersten Offizier einen generellen Überblick. Gleich wird er wieder Gäste empfangen. Diesmal sind es diejenigen, die keiner der organisierten Reisegruppen angehören – ungefähr vierzig Personen. Gesellschaftliche Pflichten gehören nun einmal zum Beruf eines Kapitäns, der Passagiere mitnimmt.

Als ich in der Kabine bin, stelle ich fest, dass ich meine Lesebrille verloren habe. Ich ziehe mich wieder warm an und gehe über das offene Deck auf die Brücke: Nein, dort liegt sie nirgends, auch nicht beim Wetterbericht, den ich vorhin mit Interesse studiert habe. So gehe ich also unverrichteter Dinge wieder zurück. Jetzt macht sich Heinrich, der ein sehr gutes Auge für verlorengegangene Gegenstände besitzt, auf die Suche. Tatsächlich wird er fündig: Die Brille liegt im Freien auf dem Brückendeck in einer weit entfernten Ecke. Sie muss im Sturm aus meiner Tasche gefallen und dorthin geweht worden sein.

Von meinem Fensterplatz aus sehe ich größere

und kleinere Eisberge auftauchen. Einige haben die Form einer riesigen aufgeklappten Mördermuschel, in andere scheinen Gänge wie zu einer Grotte hineinzuführen. Oft wirkt der unter dem Wasser sichtbare hellgrüne Sockel mächtiger als der oberhalb des Wassers liegende Teil. Der Sturm zeichnet helle Streifen auf die unruhige, heftig gekräuselte Wasseroberfläche, während das Licht sich ständig ändert – ein atemberaubend schönes Bild!

Unseren Aperitif nehmen wir wie üblich in der Bar bei Walter. Er wirkt etwas lustlos, denn die Gäste dieser Reise sind keine eifrigen Barbesucher. Er verfügt aber auch über kein großes Angebot. Nachdem ich drei Abende jeweils ein Glas Tio Pepe getrunken habe, war am vierten Abend sein Vorrat an trockenem Sherry bereits erschöpft.

Inzwischen ist es neun Uhr abends geworden. Seit einer halben Stunde fahren wir durch Hell's Gate, eine nur fünf Meilen breite Wasserstraße, die vom Jones Sound zur Norwegian Bay führt. In diesem engen Durchgang staut sich das Eis, und der Wind fegt mit Macht hindurch. Erstmals wurde die Meerenge 1946 durchfahren. Die Himmelslandschaft erinnert hier in ihrer Dramatik an Bilder von Caspar David Friedrich: Graue, schwarze, weiße, sehr tief hängende, schwere Wolkenbänke und -fetzen, zum Teil goldumrandet.

Vor Hell's Gate

Die KHLEBNIKOV bewältigt das Eis mit Bravour, der Bug hebt sich beim Hinauffahren und senkt sich, wenn er die Schollen weggedrückt hat. Streckenweise fahren wir wieder im freien Wasser, doch schon türmen sich am Horizont neue weiße Eisfelder. Die hellbraunen Felsen zu beiden Seiten zeigen tiefe senkrechte und waagerechte Erosionseinschnitte.

Um halb elf Uhr abends ist es immer noch hell, die Abendsonne hat den Himmel in alle Stufen von Rottönen getaucht. Der Seegang ist stärker geworden. Wir sind jetzt wieder im offenen Meer, denn Hell's Gate haben wir längst hinter uns gelassen. Eis begegnet uns nur noch ab und zu, am östlichen Horizont schimmert jedoch eine durchgehende weiße Fläche.

Dienstag, der 30. August. Wie so häufig stehe ich auch jetzt wieder an meinem Platz am Kabinenfenster und blicke auf das Meer. Es ist immer noch bewegt, allerdings nicht mehr so stark wie gestern. Schaumköpfe sind nur noch selten zu sehen, auch kaum noch Eisberge. Inzwischen erscheint der Horizont wieder vollkommen eisfrei.

Es ist ein Grad über Null, leichter Regen fällt. Das Arbeitsdeck ist schon nass. Auch die Zodiacs, die am frühen Morgen noch eine Reifschicht trugen, glänzen jetzt von Nässe. Auf dem Programm stehen für heute Vormittag »Helikopterflüge zur Erkundung des Eises«. An diesen Flügen dürfen nach und nach auch wir Passagiere teilnehmen. Doch die Erkundung des Eises scheint sich bei dieser Wetterlage zu erübrigen. Ebenso wird wohl das geplante »Barbeque auf dem Eis« ausfallen – falls wir nicht doch noch irgendwo in ein Gebiet mit einem großen Eisfeld geraten sollten.

Bei 77° 36' N, 98° 55' W befindet sich unser Eisbrecher nur 45 sm entfernt vom magnetischen Nordpol! Morgens sind wir auf der Brücke und sehen mit eigenen Augen, wie der Kompass verrückt spielt. Unablässig rotiert die Kompassnadel!

Besonders unsere japanischen Mitreisenden sind eifrig dabei, dieses Phänomen nicht nur zu beobachten, sondern auch anhand ihres eigenen Taschenkompasses bestätigt zu finden.

Wir bleiben einige Zeit hier oben und registrieren, wie konzentriert der diensttuende Offizier navigiert. Captain Toomey ist ebenfalls anwesend. Wie ich einem Eisbericht der kanadischen Küstenstelle für den Bereich der Norwegian Bay entnehme, wird besonders für dieses Gebiet ein kanadischer Eisberater vorgeschrieben, da sehr stabile Eisberge auf unserer Route liegen. In dem Bericht an den »Master Captain« heißt es weiter, »seinen Anweisungen ist unbedingt zu folgen.« Ich lese auch die Erlaubnis einer kanadischen Behörde, die russische KAPITAN KHLEBNIKOV dürfe die kanadischen Gewässer auf der vorgesehenen Route befahren. Es wird aber vorausgesetzt, dass dieser Behörde laufend Berichte über den Fahrtverlauf durchgegeben werden.

Inzwischen ist es ein Uhr mittags, eben haben wir das »BBQ« zelebriert, und zwar wegen einer nicht vorhandenen »passenden« Eisfläche oben auf dem achten Deck. Man hat mehrere Holzkohlengrills aufgestellt und Bierzelttische und Bänke. Neben verschiedenem gegrillten Fleisch sowie Würsten gibt es Salate, dazu Brot, Brötchen und Erfrischungsgetränke. Bei einer Temperatur um den

Gefrierpunkt und starkem Wind sitzen hier draußen in einheitlich dunkelblaue Parkas gekleidete Kapuzenmenschen und frönen einem absonderlichen Vergnügen! Mir ist so kalt, dass ich sogar beim Essen die dicken Fellhandschuhe anbehalten muss! Einige Passagiere – darunter auch ich – holen sich jetzt endlich die bislang sorgsam vermiedene Erkältung, während andere so klug sind, heute einmal auf den Lunch zu verzichten.

Nachmittags sind wir wieder an Deck. Wenn wir durch das Eis fahren, gibt es immer viel zu beobachten und über das Beobachtete mit den anderen Passagieren zu diskutieren. Unser Schiff liegt eine Zeit lang still, und uns kommt es vor, als überlege der Captain, was zu tun ist. Denn jetzt erstreckt sich vor uns eine riesige Fläche mit aufgetürmtem Packeis. Nach kurzer Zeit nehmen wir langsam wieder Fahrt auf, der Kurs ist nach steuerbord korrigiert worden. Offensichtlich wird nun versucht, in südlicher Richtung durch das Feld zu kommen.

Gerade hat unser Schiff das Eis an einer günstigen Stelle aufgebrochen. Mehrmals müssen wir vor- und zurücksetzen. Die aufgetürmten Eisberge, die zu bewältigen sind, messen zum Teil acht Meter. Die KHLEBNIKOV drückt sie zur Seite, dabei kippen sie wie in Zeitlupe gefilmt um. Fasziniert beobachten wir, wie die Risse, die unser Schiff ins Eis gebrochen hat, sich in gerader Linie oder in

Working Ice-breaker

Fahrt durch ein Eisfeld

Zickzacklinie fortsetzen, und wie sich sogar noch in ziemlicher Entfernung das Eis langsam verschiebt.

Inzwischen sind wir wieder im freien Wasser. Backbord und steuerbord voraus erstrecken sich allerdings schon neue Eisfelder, doch im Großen und Ganzen sieht es so aus, als ob wir in der nächsten Stunde ohne größere Schwierigkeiten vorankommen könnten. Uns trennen noch sechzig Seemeilen von unserem Ziel, der Penny Strait. Weiterhin fahren wir in südlicher Richtung. Nachdem vorübergehend die Sonne hervorgekommen war, bezieht sich nun der Himmel, und alles erscheint grau in grau.

Wir machen gute Fahrt, es ist halb sieben Uhr abends. Ich komme gerade von Norman Lascas kurzweiligem Vortrag »Glaciers: Rivers of Ice«. Kurzweilig insofern, als er die Zuhörer aktiv mit einbezieht. So wird Andrew gebeten, sich als Gletschertal platt auf den Fußboden legen, Sigi muss sich hinknien, ihr Po ist nun eine Endmoräne, Suzie lehnt sich schräg gegen das Rednerpult und symbolisiert somit einen fließenden Gletscher usw. Es gibt viel Gelächter, vor allem, als Norman bei den Diabeispielen die entsprechenden Gletscherformen mit Andrew, Sigi oder Suzie bezeichnet. Er definiert Gletscher als eine Masse von Schnee, Firn und Eis, die zum Teil oder ganz an Land ist und unter ihrem eigenen Gewicht fließt.

Anschließend informiert Darrel uns über den weiteren Fahrtverlauf. Danach befinden wir uns immer noch auf dem Weg zur Penny Strait, die zwischen der Grinnell-Peninsula (Devon Island) und der Bathurst Island liegt. Für dieses Gebiet sind allerdings extreme Eismassen vorausgesagt worden, doch er hofft, dass wir sie bewältigen können. Auf die Frage eines Zuhörers, was passiere, wenn es nicht gelinge, erklärt er, dann müssten wir eben einen anderen Weg nehmen. Im äußersten Fall wäre dies der Weg zurück um Devon Island herum und dann wieder durch den Lancaster Sound und den Parry Channel nach Resolute! Aber dieser Fall werde wohl kaum eintreffen. Das Eis müssten wir ungefähr am späten Abend erreichen. Wenn wir es – wie doch zu hoffen ist – durchfahren können, sei es möglich, morgen vor der Ostküste von Bathurst Island zu ankern und an Land zu gehen. Darrel verspricht, dass wir dort Moschusochsen, Eisbären und Robben sehen würden. Na, warten wir's ab!

Es ist für uns immer wieder überraschend, wie schnell das Wetter wechselt! Am späten Nachmittag ist der Himmel schon wieder klar und hat sich im Westen gelblich verfärbt. – Kurz vorm Abendessen erreichen wir die vorausgesagte riesige Eisfläche. Das Schiff nimmt mit ziemlicher Geschwindigkeit Kurs darauf und beginnt dann, sich einen Weg zu bahnen. Es scheint einjähriges Eis zu sein, denn noch ist es nicht so dick, dass grünlich schimmerndes Unterwassereis zu sehen ist. Hauptsächlich sind es Schollen, die auf der Oberfläche schwimmen. Zum Teil bestehen sie aus Packeistürmen, zum Teil auch nur aus »Pancake Ice« – so die Bezeichnung für dessen typische Form.

Die KHLEBNIKOV fährt diesmal keinen Zickzackkurs, sondern bewegt sich in gerader Linie vorwärts. Das Eis erstreckt sich bis zum Horizont. Und wenn man bedenkt, wie weit hier die Sicht ist – mindestens fünfundzwanzig Kilometer, wahrscheinlich aber mehr! –, dann kann man die Größe des Feldes ermessen. Allmählich begegnen wir auch wieder älterem Eis, »Multi-year Ice« lautet der Fachausdruck. Einige Packeisbrocken sehen aus, als hätte jemand sie künstlich aufeinandergestapelt. Bis acht Uhr abends haben wir erstaunlich gute Fahrt gemacht, bald werden wir aber bei noch dickerem Eis langsamer.

Abends finden nochmals Hubschrauberflüge zur Eiserkundung statt. Es wird mit Gruppe C begonnen, und so werden wir heute wohl nicht mehr drankommen. Der kanadische Hubschrauber landet sogar kurzfristig auf dem Eis. Das heißt »landen« ist in diesem Fall natürlich das falsche Wort – jedenfalls setzt er seine Kufen kurz auf. Dies beobachten wir vom Brückendeck aus. Wir bleiben eine Zeit lang auf der Brücke. Sogar der Kapitän hat als Beobachter auf einem der beiden seitlichen, erhöhten Drehstühle Platz genommen. Wie es scheint, bereitet das Arbeiten durch das Eis zurzeit aber keine größeren Schwierigkeiten. Um kurz vor zehn Uhr abends haben wir das riesige Feld durchquert und fahren dann wieder im offenen Meer. Das Schiff hat seine Geschwindigkeit etwas verringert. Vielleicht soll Treibstoff eingespart werden, denn bei der Eisarbeit mussten mehr als die üblichen zwei Diesel-Elektrogeneratoren eingesetzt werden.

Ganz überraschend werden wir nun doch noch für einen Hubschrauberflug eingeteilt. Aber in der Dämmerung hat er wenig Sinn für uns, denn wir wollen das Schiff ja eigentlich bei der Eisarbeit beobachten und fotografieren. Doch schon kurze Zeit später durchqueren wir wieder ein Eisfeld, und unser Flug findet nun tatsächlich statt. Allerdings haben wir insofern Pech, als wir uns im kanadischen Hubschrauber die Dreierbank mit einer sehr korpulenten Frau teilen müssen, und ich sitze auch noch in der Mitte! Dadurch habe ich kaum Sicht. Trotzdem versuche ich, daraus das Beste zu machen. Hin und wieder kann ich einen Blick nach unten auf die KHLEBNIKOV werfen, die eine gerade, schmale Spur durch das Eis zieht.

Erkundungsflug in der Abenddämmerung

Polaris-Mine

Um kurz vor elf Uhr haben wir wieder offenes Wasser erreicht, aber am Horizont zeigt sich die nächste weiße Linie. Es hat sogar ein wenig zu schneien begonnen.

Mittwoch, 31. August. Durch die Eisarbeit des Schiffs haben wir eine ziemlich unruhige Nacht hinter uns. Die Fahrt durch mehrere Eisfelder dauerte an, und erst gegen Morgen haben wir das vorerst Letzte durchquert. Danach ist auch der Himmel klar, aber schon scheint er sich wieder zu bedecken. Die Außentemperatur beträgt ein Grad über Null. Wir ankern im Goodsir Inlet vor der Ostküste im Norden von Bathurst Island – ziemlich weit vom flach erhöhten Ufer entfernt. Möglicherweise werden wir nicht mit Zodiacs diese lange Strecke bewältigen, sondern mit Hubschraubern. Es fliegt dann aber nur ein Helikopter, und zwar mit der Erkundungscrew. Zu ihrer und unserer Enttäuschung konnte sie ganz unerwartet im näheren und weiteren Bereich keine Tiere entdecken.

Wir nehmen nun doch die Zodiacs. Die Fahrt erscheint uns sehr lang, tatsächlich dauert sie aber kaum mehr als zehn Minuten. Das Wasser vor der Küste ist so flach, dass wir nicht bis an den Strand herankommen. Der Zodiac-Steuermann muss ein ganzes Stück vorher den Motor ausschalten und dann hochklappen, um nicht aufzulaufen. Aber der gute Darrel erwartet uns schon. In seinem wasserdichten Overall steht er bis zu den Hüften im Wasser. Er zieht unser Boot in Richtung Strand, und als wir schließlich ganz vorsichtig aussteigen, reicht das Wasser nur noch bis eben unter die Oberkante unserer Gummistiefel. Ungefähr fünfzig Meter waten wir sehr bedächtig und versuchen, keine Wellen zu verursachen, denn natürlich möchten wir vermeiden, dass das Wasser von oben in unsere Stiefel läuft.

An Land finden wir einen kleinen Sandstrand vor, danach beginnt gleich die Tundra. Wir gehen einen sanft ansteigenden Hügel hinauf, der endlos zu sein scheint. Von seinem höchsten Punkt blicken wir hinab in eine Sandmulde, durch die sich ein schmaler, jetzt gefrorener Bach windet. Auch das Bachbett besteht aus Sand. Der übrige Boden ist wieder mit Flechten, Moosen, mit weißem Heidekraut, einer Pflanze, deren rote Blüten aussehen wie unser Pfaffenhütchen, und mit dem gelben arktischen Mohn bewachsen. Viele Kriechweiden sehen wir, deren nacktes Astwerk sich ober- und unterhalb der Bodenoberfläche waagerecht verzweigt.

Im Verlauf unserer Wanderung treffen wir auf einige kleine Teiche, die jetzt von Eis bedeckt sind. Tiere entdecken auch wir nicht, aber ihre Spuren: Hufabdrücke, abgeschlagene Geweihe von Rentieren, Losung von Schneehasen, Rentieren und Moschusochsen. Ab und zu haben sich im Moos Fellhaare von Moschusochsen verfangen. All diese

Tiere müssen vor uns geflohen sein. Zum ersten Mal trägt Peter Schlederman heute ein Gewehr bei sich, mit dem Betäubungspatronen verschossen werden können. Das erübrigt unsere Frage, was wäre, wenn plötzlich ein Eisbär auftauchen sollte, denn diese Tiere sind für den Menschen sehr gefährlich.

Die Landschaft wirkt in unseren Augen trostlos, dennoch hat sie ihren besonderen Reiz. Der Gesamteindruck ist zwar der einer homogenen braunen Fläche, aber wenn man näher hinsieht, bemerkt man die vielen Farben der verschiedenen Moose, Flechten und Pflanzen.

Der Rückweg führt uns am Strand entlang. Es ist inzwischen Ebbe geworden, das Wasser ist sicher dreißig Meter zurückgewichen. Kleine, glatte weiße Muschelschalen liegen hier, die wir auch noch weiter landeinwärts gefunden haben. Am Ufer schwimmt ein Kranz von kleineren Eisbergen in bizarren Formen. Sie schimmern fantastisch in weiß, türkis und hellblau. Während unserer Wanderung ist uns warm geworden, allerdings nicht so, dass wir unsere Parkas öffnen können, doch Hände und Füße sind angenehm durchblutet.

Bis zum späten Nachmittag ist die KHLEBNIKOV im Bereich der Crozier Strait zwischen Little Cornwallis Island und der südlichen Ostküste von Bathurst Island weiter südlich gefahren. Wir ankern jetzt vor Brooman Point, Bathurst Island. Hier fahren wir mit Zodiacs an Land, um einige Dorset- und Thule-Ausgrabungen zu besichtigen. Kurz bevor wir den Strand erreichen, ruft unser Steuermann plötzlich: »A fox!« und deutet in eine bestimmte Richtung. Zuerst haben wir Mühe, ihn zu entdecken, aber dann sehen wir ihn. Der Fuchs ist ziemlich groß und schon im weißen Winterpelz. Er streicht entlang der Küste und scheint direkt auf uns zuzulaufen, doch dann dreht er ab und verschwindet.

Auf Brooman Island finden wir wieder Spuren von Tieren: Ein Fuchsgebiss, Knochen von kleineren Tieren und natürlich in den Ausgrabungsstellen die von Wissenschaftlern früher schon geordneten und noch in dieser Ordnung daliegenden Wal- und Walrossknochen. Als wir nach ungefähr einstündiger Wanderung wieder in unseren Zodiac steigen, steht uns noch eine »Panoramafahrt« durch die vor der Küste liegenden Eisfelder bevor. Diese Fahrt ist wirklich fantastisch, die Formen des Eises sind so vielfältig! Wunderschön sind die verschiedenen Grün- und Hellblauabstufungen! Das tiefe Blau, das wir in der Antarktis gesehen haben, fehlt allerdings.

Heute erleben wir wirklich ein Kontrastprogramm! Gerade eben kommen wir vom »Russischen Abendessen« mit Lachs und Kaviar, Borschtsch und Blinis mit Rote-Bete-Soße. Während des Dinners trat ein Mitglied der russischen Besatzung als Musiker auf. Er war uns vorher schon als besonders umsichtiger Zodiac-Steuermann aufgefallen. Heute sieht er völlig verändert aus, denn er hat sich in Schale geworfen. Zum dunklen Anzug trägt er ein weißes Hemd und Krawatte. Mit angenehmem Bariton singt er für uns zwei russische Lieder, während er sich sehr gekonnt auf der Gitarre begleitet. Doch er ist so verlegen, dass er niemanden anzusehen wagt und während des ganzen Vortrags zu Boden blickt.

Unser Schiff stoppt jetzt mitten zwischen den Eisschollen, wir sind etwa hundert Meter von der Westküste von Cornwallis Island entfernt und liegen direkt vor einer kanadischen Zinn- und Bleimine und – wie einige Passagiere wissen wollen – auch Silbermine. Die Vorkommen sollen jedoch fast erschöpft sein, sodass der Abbau in absehbarer Zeit eingestellt wird. Das Unternehmen trägt den Namen POLARIS. Die sich im Wasser spiegelnden, leuchtend roten, langgestreckten Gebäude – offenbar Lagerhallen – wirken hier wie Fremdkörper. Auf das Dach einer Halle wurde im weißen Viereck das kanadische rote Ahornblatt gemalt. Es gibt eine Hafenanlage mit einer Pier. Hier stapeln sich Ölfässer und Container. Heute Abend wird sogar gearbeitet, man sieht weißen

Dampf aufsteigen und Lastwagen und Gabelstapler betriebsam herumfahren. Oberhalb der Hafenanlage befinden sich offenbar die Wohn- und Verwaltungsgebäude. Auch ein Flugplatz mit einer mittelgroßen Maschine ist zu erkennen.

Später am Abend finden Hubschrauberflüge statt, aber nicht für uns. Ab zehn Uhr wird eine »Allship Party« veranstaltet, und zwar im offenen Hubschrauber-Hangar achtern auf dem vierten Deck. Wir nehmen nicht daran teil, sondern machen uns einen gemütlichen »Kabinenabend«. Aber die Vorbereitungen zu dieser Party sehen wir uns doch an. Gerade werden Fahnengirlanden gespannt, und in einer Ecke steht schon ein Turm von Getränkedosen. Wie wir später hören, soll getanzt worden sein bei Diskomusik.

Wir genießen unterdessen von unseren Kabinenfenstern aus die Fahrt durch eine märchenhafte Eislandschaft. Die tief stehende Sonne scheint auf das bizarr geformte Packeis, das in dieser Beleuchtung hellgelb schimmert.

Heute ist nun schon der 01. September. Wir sind inzwischen gut vorangekommen und bereits an Resolute Bay vorbei- und an der Nordküste von Somerset Island entlanggefahren. Nun ankern wir vor Prince Leopold Island. Das Schiff hat sich vorsichtig und sehr dicht an die Insel mit den steilen, zerklüfteten Felsen herangemanövriert. In deren Nischen nisten unzählige Kolonien von Dreizehenmöwen. Es ist beabsichtigt, mit Zodiacs noch näher heranzufahren und vielleicht sogar auf dem Geröll am Fuß der Felsen an Land zu gehen.

Aber meine Barbeque-Erkältung ist auf dem Höhepunkt und deshalb nehme ich an diesem Ausflug nicht teil. Stattdessen versuche ich, die Vogelfelsen vom Brückendeck aus mit dem Camcorder heranzuzoomen. Es ist ein herrlicher, sonniger Vormittag bei einem Grad über Null. Ein leichter Wind weht aus Nordwest, und gegen elf Uhr bezieht sich der Himmel ein wenig. Der kanadische Helikopter trägt heute Morgen einen »Anorak«: Der Rotorantrieb oberhalb der Kabine wurde mit einem roten, gesteppten Wärmeschutz umhüllt.

Inzwischen sind auch die Informationen für die morgige Ausschiffung und Abreise ausgegeben worden, und wir Passagiere befinden uns schon in

Abschiedsstimmung.

Später gehen wir noch einmal an Land, und diesmal bin ich auch dabei. Wir ankern vor Beechey Island, die dem äußersten Südwestzipfel von Devon Island vorgelagert ist. Hier gedenken wir des legendären Polarforschers Sir John Franklin. Am 19. Mai 1845 hatte er sich – hervorragend ausgerüstet – mit den beiden Schiffen EREBUS und TERROR und hundertneunundzwanzig Mann aufgemacht, um endlich die Nordwestpassage zu bezwingen. Diese Expedition wurde zum letzten Mal am 26. Juli 1845 im Lancaster Sound gesehen, und zwar von einem Walfangschiff. Doch erst 1848 schickte die britische Admiralität drei Suchexpeditionen los. Ihnen folgten im Laufe der nächsten elf Jahre noch siebenunddreißig (!) weitere. Sie wurden zum großen Teil finanziert von Lady Jane, Franklins Frau, sie setzte ihr ganzes Vermögen ein.

Sozusagen als Nebenprodukt dieser Suchexpeditionen wurden große Teile der bisher unbekannten Arktis erforscht. Neben anderen machten sich dabei Männer wie John Richardson, Dr. John Rae, W. J. S. Pullen, Robert McClure, Richard Collinson, William Penny und Horatio Austen einen Namen. Sir John Ross leitete sogar noch mit dreiundsiebzig Jahren (1850/51) eine private Suchexpedition! Franklins Schicksal und das seiner Leute wurde jedoch nie ganz aufgeklärt. Die letzte schriftliche Aufzeichnung stammte vom 25. April 1848. Der Kapitän der EREBUS berichtete hier, die beiden Schiffe wären von dichtem Eis eingeschlossen und daraufhin am 22. April 1848 aufgegeben worden. Als Sir John Franklins Todestag nannte er den 11. Juni 1847. Bis zu diesem Datum waren bereits neun Offiziere und fünfzehn Seeleute der Expedition gestorben.

Bei trübem Wetter setzen wir mit Zodiacs nach Beechey Island über. Es ist ein öder Platz und verlassener als alles, was wir bisher gesehen haben. Der Strand besteht nur aus kleinen grauen Steinen, auf denen nicht einmal Flechten wachsen. Das Gelände geht in ebenso graue Anhöhen über. Die verstreut aufgestellten Grabsteine fallen sofort ins Auge. Es sind 1993 errichtete Repliken der Originale, die sich im Prince of Wales Centre in Yellowknife, Northwest Territories (Canada), befinden. Auf einem Stein lese ich »William Braine, H. M. S. EREBUS, died April 3d, 1846, aged 32 years«.

Bald verlassen wir diesen trostlosen Ort und fahren mit einem Zodiac an der Küste entlang zum sogenannten »Northumberland House«. Franklin errichtete hier sein erstes Winterlager. Zwei Eckbalken vom Haus stehen noch. Im näheren Umkreis liegen unzählige verrostete Fassreifen herum und einige verwitterte Holzbretter. Aus verrosteten, mit Steinen gefüllten Konservendosen hat

Beechy Island, Grabsteine

KAPITAN KHLEBNIKOV

jemand ein liegendes Kreuz geformt. Nicht bewiesen ist bis heute die Vermutung, die Dosen seien mit minderwertiger, teilweise giftiger Nahrung gefüllt gewesen. Eine andere Theorie sagt, die Dosen seien bleihaltig gewesen, das Blei sei auf die Nahrung übergegangen und hätte dadurch die Leute vergiftet.

In der Nähe steht ein niedriges, pyramidenförmiges Holzgerüst. Daran wurde eine Gedenktafel für Sir John Franklin befestigt, »presented by the people of Spilsby, April 1986«. Spilsby war Franklins Geburtsort. – Ich nehme mir vor, »Die Entdeckung der Langsamkeit« von Sten Nadolny noch einmal zu lesen. Der Autor versucht hier eine Annäherung an den Charakter und die Arbeitsweise des berühmten Polarforschers.

Vor dem Dinner gibt es in der Lounge der KAPITAN KHLEBNIKOV den Abschiedscocktail, dem das Captain's Farewell Dinner folgt. Viel Zeit zum anschließenden Abschiedfeiern bleibt nicht, denn jetzt steht uns noch eine ungeliebte Arbeit bevor: Kofferpacken! Das große Gepäck muss schon am frühen Morgen vor der Kabinentür stehen, damit es von Crew-Mitgliedern auf das Helikopterdeck geschleppt und in Resolute Bay an Land und zum Flugzeug geflogen werden kann.

Der 02. September, unser Abreisetag! Er vergeht hauptsächlich mit Warten. Um acht Uhr morgens müssen die Kabinen geräumt sein. Danach verbringen wir die Zeit an Bord, indem wir uns mit den Leuten unterhalten, die wir auf der Reise näher kennengelernt haben. Da ist das nette Dreiergespann Dorte, Hubert und Dankwart. Dorte schenkt mir eine Tüte Kräuterbonbons aus ihrer Reiseapotheke gegen meinen Husten. Wir versprechen ihr, nach dem Lied »Es war ein König von Thule« zu forschen und ihr das Ergebnis zu schicken. Goethes Ballade hat allerdings nichts mit dem grönländischen Thule zu tun.

Herr J. läuft geschäftig herum, um im Office von den aushängenden Seekarten und anderen Dokumenten Fotokopien anzufertigen, die er dann bereitwillig verteilt. Ich sitze eine Zeit lang mit den Herren D. und von K. bei leichtem Geplauder zusammen. Man kann mit ihnen wunderbaren Nonsens reden, was ich sehr genieße. Die beiden waren unsere häufigen und sehr angenehmen Tischnachbarn. Als zufällige Kabinengenossen kamen sie offenbar recht gut miteinander aus und selten war einer ohne den anderen zu sehen. Nur wenn Herr D. die Sauna besuchte – was allerdings täglich vorkam –, saß Herr von K. in der Lounge und schrieb sein Reisetagebuch – auf Spanisch!

Nach insgesamt 2.448 zurückgelegten Seemeilen gehen wir um elf Uhr vormittags mit Zodiacs von Bord und fahren in Resolute – wieder mit dem Schoolbus – sofort in das einzige Hotel. Über vier Stunden verbringen wir in diesem einfachen Haus, das ganz unerwartet sogar ein gewisses Flair besitzt. Mittelpunkt der Halle ist ein riesiger Billardtisch, und die drei Schaukelstühle in einer Veranda mit Grünpflanzen harmonieren hervorragend mit zwei eifrig in einem Vogelbauer zwitschernden Wellensittichen. Es gibt ein Selbstbedienungsbüfett und eine Weltkarte, an der man mit einem Sticker seinen Herkunftsort markieren soll. Mitteleuropa und Japan sind schon ziemlich dicht.

Auch ein Gästebuch liegt aus. Immer wiederkehrende Eintragungen sind von der Art: »Please, plane, come soon!!« Ich finde aber auch eine erstaunliche Bemerkung, in der es heißt, Teppiche und Treppen sollten öfter staubgesaugt werden! Viele der abreisenden Gäste loben in dem Buch das gute Essen und die schönen Zimmer. Ich habe Gelegenheit, in einige Gastzimmer einen Blick zu werfen. Es sind sehr schlichte, fensterlose Räume! Aber im arktischen Winter sind Fenster natürlich überflüssig.

Auf dem Flugplatz liegt an einigen Stellen Schnee. Es ist ein grauer nebliger Tag, und unsere

Maschine hat Verspätung. Es wird halb vier Uhr nachmittags, bis wir dann endlich mit Kurs auf Toronto abheben können. In Iqaluit an der Frobisher Bay geht das Flugzeug zur Zwischenlandung wieder hinunter. Die Maschine wird aufgetankt, und wir müssen mit unserem Handgepäck nachträglich noch durch eine strenge Sicherheitskontrolle, denn in Resolute gibt es die entsprechenden Vorrichtungen nicht. Um kurz nach sieben Uhr starten wir wieder und landen um halb elf in Toronto. Unsere Uhren haben wir inzwischen eine Stunde vorgestellt.

Wir übernachten in Missisauga im gleichen Hotel wie auf der Hinreise. Durch Zufall finde ich jetzt auch heraus, wie die Lampen funktionieren: Man dreht an einer kleinen Schraube im Lampenfuß, und zwar zum Ein- und Ausschalten immer nur rechts herum.

Um ein Uhr liegen wir schon im Bett. Es wird eine kurze Nacht, denn morgens um sieben Uhr soll unser gecharterter Bus abfahren, der uns zu den Niagara-Fällen bringt. Die tüchtige Silke hat spontan für einen Teil der deutschen Reisegruppe diese Tour organisiert, mit der die Zeit bis zum Abflug nach Frankfurt (17.35 Uhr) auf unerwartet interessante Art überbrückt wird.

Sonnabend, 03. September. Heinrich hat seinen winzigen Reisewecker auf kurz vor sechs Uhr programmiert. 6.32 Uhr zeigt die Uhr, als ich ganz zufällig wach werde. Wir stellen unseren persönlichen Wasch-, Anzieh- und Packrekord auf, bei dem leider der Zimmerschlüssel auf geheimnisvolle Weise verschwindet. Dank Heinrichs mütterlicherseits ererbter vorausschauender Fürsorge können wir dann im pünktlich startenden Bus statt des verpassten Hotelfrühstücks eines aus Obst, Bonbons und Schokolade zu uns nehmen.

»Ach«, sage ich zum Busfahrer, »das ist ja wunderbar, dass Sie so gut deutsch sprechen!« Seine Antwort: »Ja, schließlich stamme ich doch aus Deutschland!« Später kommen wir näher mit ihm ins Gespräch. Er ist ein Bauernsohn aus Norderstapel in Schleswig-Holstein, und natürlich ist er überrascht, dass wir das kleine Dorf sogar kennen. Trul Trulsen lebt seit siebenunddreißig Jahren in Kanada und ist bei der Eisenbahn beschäftigt, hat aber nebenbei ein Baugeschäft und jobbt am Wochenende als Busfahrer. Er ist ein sehr sympathischer, frischer rotblonder Typ und wirkt jünger als vierundfünfzig. In einem Jahr, mit fünfundfünfzig, will er nämlich in Rente gehen, verrät er uns. Sein

Ruhegeld wird dann genau so hoch sein wie sein jetziger Lohn – die Eisenbahner scheinen eine tüchtige Gewerkschaft zu haben. Trul ist überglücklich, eine deutsche Gruppe zu fahren! Als er hört, dass wir aus der Nähe von Kiel kommen, bittet er uns, Tante Lissy in Kiel-Gaarden zu grüßen. Das Telefonat erledige ich gleich am Tag nach unserer Rückkehr. Tante Lissy freut sich sehr über die neuesten Nachrichten von Trul, denn der Junge sei ja so schreibfaul!

Die Busfahrt am Sonnabendmorgen zu den Niagara-Fällen dauert nur eineinhalb Stunden. Wir kommen am meergroßen Ontario-See vorbei, an Gärtnereien und – ganz unerwartet für uns – auch an ausgedehnten Weinfeldern. Die Straßen sind gut, es ist ein herrlicher, sonniger Tag.

In Niagara fahren die Schiffe MAID OF THE MIST so früh noch nicht, und daher haben wir viel Zeit für einen ausgedehnten Spaziergang auf der Promenade mit Blick auf die gegenüberliegenden Fälle. Allerdings steht der Wind heute ungünstig. Trotz des schönen Wetters müssen wir unsere Mäntel anziehen und versuchen, die Köpfe zu bedecken, denn Gischt sprüht weit über die Promenade und die daneben liegende Straße.

Bevor wir dann auf das Schiff steigen, werden wir mit blauen Plastikregenhäuten ausgerüstet. Es ist ein drolliges Bild, als alle vermummten blauen

Gestalten sich kreischend und wie auf Kommando abwenden, als das Schiff so dicht wie möglich an die Fälle heranfährt und mehrere Schauer auf uns herniedergehen.

Anschließend fahren wir mit dem Bus zur Abfahrtsstelle der Seilbahn, die über den sogenannten »Whirlpool« hinüber auf die andere Seite der Fälle führt. Heinrich und ich bleiben aber diesseits auf festem Boden und trinken hier einen heißen, faden Kaffee.

Trul will uns unbedingt etwas Gutes tun und hat die Idee, uns noch einen Ort zu zeigen, der so belassen wurde, wie er im neunzehnten Jahrhundert ausgesehen haben soll. Er heißt Niagara on the Lake und liegt am Ontario-See. Es ist ein wirklich bezauberndes Städtchen mit kleinen altmodischen Läden in gepflegten Häusern und mit schönen Grünanlagen. Auf den schmalen Straßen fahren Pferdekutschen herum, und es wimmelt hier – nahe der Grenze zu den USA – natürlich von amerikanischen Touristen. Inzwischen ist es zwölf Uhr mittags geworden, und Heinrich und ich verspüren ziemlichen Hunger. Daher suchen wir nicht lange herum, sondern frühstücken nach Art des Hauses in einem Lokal, das den anheimelnden Namen »The old Bakery« trägt. Leider hält die alte Bäckerei nicht, was der Name verspricht. Bis auf den Kuchen, der wirklich alt zu sein scheint.

Um drei Uhr nachmittags müssen wir am Flughafen Toronto sein. Trul meint jedoch, wir sollten auf jeden Fall noch etwas von der Stadt selbst sehen. Voll Stolz zeigt er uns die Sehenswürdigkeiten: das riesige Eishockeystadion, das Theater, die Einkaufsstraßen, den Bahnhof, große Hotelbauten, den über 500 m hohen CN-Tower u. a. Vor der Stadt ist eine Art Kirmes aufgebaut mit Riesenrad, Achterbahn und Karussells. Gerade findet über dem Gelände daneben eine Flugschau statt. Aus dem Busfenster beobachten wir die gefährlich anzusehenden Loopings, Rollen und Sturzflüge.

Am Flughafen holt Trul unsere Koffer aus dem Gepäckfach unter dem Bus und vermittelt uns die Hilfe eines Trägers. Das gute Trinkgeld hat er sich wirklich verdient.

Der Flug nach Frankfurt dauert nur erstaunliche sechsdreiviertel Stunden. Bei starkem Rückenwind fliegen wir zeitweise mit elfhundert Stundenkilometern! Dies verkündet der Flugkapitän stolz aus dem Cockpit. Dadurch haben wir in Frankfurt reichlich Zeit bis zum Abflug unserer Maschine nach Hamburg, zumal unser großes Gepäck wieder direkt durchgecheckt wurde.

In Fuhlsbüttel wartet bereits der von uns aus Frankfurt telefonisch bestellte Minicar-Fahrer. Damit wir ihn erkennen, hält er ein selbst gemaltes Schild mit dem Firmennamen hoch.

Zu Hause legen wir uns – hundemüde, wie wir sind nach dem frühen Aufstehen und der Zeitverschiebung – erst einmal zu einem ausgiebigen Erholungsschlaf hin. Als ich danach aufwache, gehe ich schlaftrunken ganz automatisch zum »Kabinenfenster«, um zu sehen, »wie heute die Eislage ist«.

Den Anblick, der sich mir bietet, kann ich gar nicht fassen: grün belaubte Bäume, dahinter ein weißes Haus, ein Auto fährt vorbei ... und das mitten in der Arktis?

***

Gerda Brömel lebt in Mönkeberg an der Kieler Förde. Bis zu ihrem Ruhestand war sie in der Verwaltung verschiedener Institutionen tätig. Danach begann sie mit ihrer literarischen Arbeit. Inzwischen hat sie 14 Bücher veröffentlicht, davon 3 als Herausgeberin.

Ihre große Leidenschaft neben der Literatur (und Musik) sind Fernreisen, die sie im Laufe vieler Jahre zu Zielen auf allen Kontinenten führten. In der Reihe »Meine schönsten Reisen« erscheinen jetzt einige ihrer unterwegs geführten Reisetagebücher.

Bücher und E-Books (Auswahl) von Gerda Brömel

Aus dem Takt gekommen [Roman],
revidierte Neuauflage BoD 2013

Eine Frau in den *zweit*besten Jahren – Geschichten
um Luise-Marie – und 5 Satiren, videel 2003

Eine Frau in den *zweit*besten Jahren, Bd. 2,
videel 2004

Auf der Schaukel – Kindheitsbilder 1936 – 1945,
BoD 2007

Vun wat Fruunslüüd dröömt un annere Vertellen,
BoD 2008

Der Förde-Nikolaus. Weihnachtsgeschichten,
BoD 2009

Liebe friesische Freundin (romanhafte Erzählung)
BoD 2012

Brömels Geschichten um *schräge* Typen
BoD 2014